Enfim

Gladston Mamede

Enfim

SÃO PAULO
SALTA – 2014

© 2014 by Editora Atlas S.A.

1. ed. 2014 (2 impressões)

O selo SALTA pertence à Editora Atlas S.A.

Capa: Bico de pena de Miguel Gontijo
Projeto gráfico: Ítalo Frediani
Composição: Luciano Bernardino de Assis

Dados Internacionais de Catalogação na Publicação (CIP)
(Câmara Brasileira do Livro, SP, Brasil)

Mamede, Gladston
Enfim / Gladston Mamede —
São Paulo: Atlas, 2014.

Bibliografia.
ISBN 978-85-224-9268-8
ISBN 978-85-224-9271-8 (PDF)
ISBN 978-85-224-9270-1 (e-PUB)

1. Ficção brasileira   I. Título.

14-08237
CDD-869.93

Índice para catálogo sistemático:

1. Ficção : Literatura brasileira   869.93

TODOS OS DIREITOS RESERVADOS – É proibida a reprodução total ou parcial, de qualquer forma ou por qualquer meio. A violação dos direitos de autor (Lei nº 9.610/98) é crime estabelecido pelo artigo 184 do Código Penal.

Depósito legal na Biblioteca Nacional conforme Lei nº 10.994, de 14 de dezembro de 2004.

Impresso no Brasil/*Printed in Brazil*

S
SALTA

Editora Atlas S.A.
Rua Conselheiro Nébias, 1384
Campos Elísios
01203 904 São Paulo SP
011 3357 9144
atlas.com.br

Este livro pretende-se uma novela. Eis a primeira explicação que é necessária.

O leitor talvez estej'assustado, quiçá ofendido. Afinal, estou colocando uma *nota do autor* com numeração, o que a faz parecer um capítulo, enganando-o. Não se ofenda, eu lhe peço. Mas foi de propósito. Isso eu confesso. Já essa rima não foi calculada, mas assumi o risco de deixá-la grafada. Outra rima. Ich!

Ademais, como sou um trapincola, sou obrigado a dizer que tudo começa em 1 ou 01, razão pela qual 0 ou 00 só pode ser pré-escritura, ou seja, prefácio ou, na mesma linha, nota do autor. Dessa maneira, clamo por minha absolvição, ainda que não seja inocente. Isto não é um capítulo, nem se apresenta como capítulo: é o 00. Os capítulos começam adiante, no 01.

Mas, aproveitando que você está lendo este texto (ainda que não tenha o costume de ler prefácios ou notas do autor), rogo prestar atenção, por favor. Afinal, é importante para a leitura que você agora começa e – quem sabe? – irá terminar um dia (evento pelo qual torço). Novela é gênero literário que se tornou raro. A culpa pode até ser colocada na novela televisiva, embora sejam senhoras (novela e novela) de mesmo nome, mas casadas com maridos diversos e, assim, vivendo realidades bem diferentes. Seu parentesco já se perdeu em arranjos familiares e sociais confusos, há muito tempo.

Deixando a televisão pra lá – até por achar qu'esta história dá filme, nunca novela ou minissérie –, é preciso reconhecer que, atualmente, todos se pretendem romancistas e poucos, ou quase ninguém, se aceita novelista. Claro, salvo os contratados por redes televisivas. Escritores pretendem-se romancistas, no geral. E tais pretensões, nas quebradas da teoria da literatura (qu'estudei com Nani e Ernani, no Colégio Santo Antônio), são de valia contestável. Dizer-se romancista é jactância rasa, comumente sem raízes relevantes. Ilusão alimentada por vaidade alucinógena.

A questão é simples: se você, leitor – posso lhe chamar de você? Sei que é apressado e que tal licença deveria ter-me sido dada por si. Apressei-me? Vou arriscar, se me perdoa, a informalidade, 'tá? Mas, como dizia, se *você*, leitor, recorrer aos teóricos da literatura, verá que *romance* é prosa extensa e complexa, enfeixando histórias diversas, múltiplas personagens e, mesmo, enredos que se entrelaçam numa história. O romancista é arquiteto de múltiplos recursos, entregando-se a frentes diversas que, tocadas de forma correta, formam um todo sinfônico. A excelência do romance está na complexidade das questões que vão se arrolando e envolvendo na trama, replicando a vida, esse mosaico de fatos. Romance não é coisa pra qualquer um. Não é pra mim, por exemplo. Sou chinfrim demais pra isso.

Já a novela é gênero literário mais leve, correndo na via de um ou poucos personagens. Não tem tantas implicações, compreensões, intercessões e por aí vai. É um conto maior e, não raro, mais limpo, simples. Veja que há contos que almejam o romance, seja como promessa, seja como tentativa fracassada. Ficam contos ou, quando muito, estacionam-se pra lá de sua *contitude* (ich!) e pra cá da sonhada *romancitude* (argh!), pretendendo-se novela, o que não são. Ficam *contões* ou *romancinhos*, talvez *romancetes*.

Pra mim, a novela é com'uma *crônica grande*: cresceu na extensão, mas sem abrir mão da leveza e da simplicidade. É coisa pra ser lida com facilidade. Por isso, é modo adequado pra qu'eu desenvolvesse um *mote* que me perseguia: uma hipótese que se tornou ideia fixa. Tinha que ser enfrentada, tinha que ser escrita, tinha que se tornar livro pra modo de se fazer exorcizada.

Portanto, este livro é a tradução de uma ideia fixa; é uma catarse, uma tradução. Menos que autor, sou sua vítima: o enredo me coagiu a ser escrito. Essa história insistiu para ser contada, carcomeu-me, importunou-me. Roubou-me horas valiosas de sono, eu que preciso muito dormir. Mais do que isso, cuida-se d'um enredo qu'expressa uma convicção, uma fé. É uma cena conclusiva que resulta necessária, considerando as condições de sua premissa, o que é assunto meu e não do leitor, até que conclua a leitura.

Como se não bastasse, é escritura de um bacharel em Direito. Assim, expressa-se por meio d'uma linguagem que carrega o uso de palavras empoeiradas e estruturas gramaticais que fugiram das ruas há muito. Isso foi consciente. Ainda qu'eu não domine o português como queria, amo-o intensamente e o namoro, sempre que possível, nos limites das minhas forças. Já estou cansado de obras que caminham na direção do português das ruas; acredito qu'é preciso valorizar o vernáculo, salvar a língua. Do contrário, estaremos uivando, logo, logo.

Em suma, eu precisava escrever o qu'escrevi. Do contrário, enlouqueceria. Sem exagero. A história começou a se repetir em minha mente quand'eu deitava, com'uma música que não sai dali, com'uma cena que não abandona a retina. Batia a cabeça no travesseiro, mas ficava preso no enredo, no mote. A história queria ser contada. Verguei-me ante tal assédio – ou coação irresistível – e escrevi, enfim.

Com Deus,

Com Carinho,

Gladston Mamede.

01

Enfim acordei, embora ainda cansado.

Deitei-me quando pouco passava das onze, achando qu'estava com insônia. Mas dormi. Talvez um par de minutos depois. A insônia, em mim, é mais um medo do que uma realidade. Os segundos são sofridos como se fossem horas, até que durmo. Tenho pavor de não conseguir dormir. Fico prestando atenção, torcendo pra dormir. E, por isso, julgo-me insone, considerando o sofrimento dos minutos ou segundos dessa vigília.

Acordei agora, quase oito. O dia me vence com calor e claridade. Mas ainda estou exausto, embora nisso não haja qualquer afirmação de luxo. Não é que nove horas de sono sejam insuficientes. Apenas não as vivi e não descansei. Dormi sem dormir, repicando *despertares* e *redormires*. Foi isso mesmo o que aconteceu: esmigalhei minha noite e, assim, não descansei.

Acho qu'é o medo da chegada da morte, que já retarda. Tenho esse medo há muito tempo e ele aumenta a cada ano. Sei que, numa dobra de noite, tudo pode acabar. Por isso, esquartejei o sono. Acordo reiteradamente pra me certificar que ainda estou vivo. Olho pro lado, pra ver se a morte não está ali. Corro os olhos pelo quarto, fixo-os num canto qualquer. Procuro, mesmo evitando vê-la, a morte, mãe zelosa, de olhar terno, qu'espera seu neném despertar pr'amamentá-lo nos seios fartos.

Não me tenha por tolo. Vai ser um dia qualquer desses; espero há muito. Ela vai chegar e me dará os peitos fartos, lindos e sensuais. Vou beber, hesitante, o leite quente e, quando me aninhar em seu colo, ela m'embalará, carinhosamente: o parto derradeiro, com tod'as dores de costume: o fim: o meu fim.

Vi muitos padecerem do mesmo medo e entregarem-se à vigília'ssustada do próprio extermínio. Ficam de butuca, na'sperança de ver a morte s'aproximar pra modo de largar as canelas no mundo, como se fosse possível fugir. Quando jovem, tinha pena deles, esses velhos. Pena do medo de trompicar pra fora da vida e cair no mistério escuro. Agora, sinto uma pena ridícula de mim. Quis me crer superior, mas acabei me fazendo igual: o tempo m'envergou. Tudo mudou quando eu mesmo m'aproximei da beirada vertiginosa da vida.

O banheiro também me acorda. Não tinha sequer quarenta quando soube que o excesso de ácido úrico m'empurrava pra gota. Recusei o comprimido receitado e passei a embebedar-me d'água ou chá, lavando as veias da ureia, embora com o ônus duma habitualidade sanitária que já me causou muitos percalços, além de me cutucar noite adentro.

A noite s'esquarteja, ainda, na disputa, com Leda, pelos centímetros do colchão e das cobertas. Mas isso é normal entre casais.

Como se não bastasse, a lua me atacou nessa noite. Estava cheia, enorme e branca: um farol alto que se colocou caprichosamente na minha janela e ali ficou por horas, espessurando tudo a prata. Quando a percebi, ainda eram duas. Rasgava a noite. E foi descendo devagar, até – quem sabe? –quatro. Nesse tempo, queimou meus olhos e acordou-me reiteradamente. Lua irritante, sem poesia'lguma. Lua inoportuna.

Portanto, tenho motivo pra demorar-me na cama.

Não há barulho no apartamento vazio, embora a cidade já tenha inaugurado seu zumbido de metrópole. Houve um tempo em que, em horas como esta, pegaria o telefone e ligaria pra Eduarda e diria "acordei". E m'espreguiçaria na linha. Fiz isso incontáveis vezes. Mas é passado: uma recordação pontiaguda, apenas.

Ontem, não fiz nada de mais. Dia jogado fora. Trabalho comum – pequenas obrigações tolas da burocracia cotidiana. Algumas esperas sem importância, comida sem encanto. Dia morno, perdido, sem razão pra recordação. Mais um desperdício. Odeio perder meus dias, mas acontece com frequência.

Levanto, ainda que a cama diga não. A mesma rotina diária: escov'os dentes, visito o vaso, entro no banho. É meu grande momento ético. Enfiado debaixo d'agua, fazendo espuma, penso a vida. Não aceitaria que nenhum amigo, por mais próximo que fosse, dissesse-me metade do qu'eu me digo no banho. Questiono-m'em tudo, acuso-me, discuto, analiso, cogito, planejo, decido.

Revejo a briga com Leda. Não sou uma pessoa fácil pra se viver. Isso explica muito dessas brigas. Mas sou assim. Por mais qu'eu me vigie, qu'eu tente me comportar doutro jeito, sou quem sou. E foi comigo qu'ela escolheu viver. Posso m'investigar, tentar evitar excessos, repensar isso ou aquilo. Mas sou eu e não outro.

Ela, no entanto, sofre. Depois de tantos anos, ainda sou um imbecil. Ajo com'um imbecil. Ela é a vítima dessa demanda injusta. Desde adolescente, imputo-me essa boçalidade. Mas não adiantam ofensas: sigo sendo o mesmo, reiterando erros, insistindo. A multiplicação dos anos não me deu prumo.

Fecho a água, recebo o carinho áspero da toalha. Vou pr'o corte rápido do barbeador. Não uso água ou espuma, desde rapazote. Passo a lâmina crua pelo rosto e, sem gastar um só minuto, estou barbeado. Preservo, todavia, o cavanhaque farto que, poucos sabem, serve pra proteger uma verruga no meio do queixo, sangrada incontáveis vezes, quando não tinha pelos no rosto.

Desodorante, cueca, camisa de algodão, com gola e botões e um bolso sobre o peito, onde é indispensável qu'estejam caneta, telefone e folhas de papel, dobradas, pra escrever o que se fizer preciso.

A jornada começa na máquina de café. Não uso xícara, mas caneca. Tenho várias, mas uso quase sempre a mesma. Queimo a boca no caldo preto e cheiroso, como todos os dias, e vou namorando seu gosto até restar apenas um filete no fundo. É quando encho a caneca com chá preto. Minha primeira xícara de chá é intragável pr'a maioria dos seres humanos. Que se danem. É assim qu'eu gosto e é assim que faço: chá temperado com café.

Roberta era ainda pequena quando, entrando na biblioteca, ond'eu estava trabalhando, perguntou se podia beber um pouco do meu chá. Deixei e, mal ela molhou os lábios, reclamou:

– Tem café misturado!!!

Tinha uns doze anos, eu acho. Saiu resmungando. Fernanda, de seu turno, sempre evitou minhas canecas.

Terei manhã e almoço solteiros, eu bem sei. Depois da discussão de ontem, Leda não vai dar sinal. Pensando bem, é um problema dela. Estou mal com tudo isso, mas não acho qu'estou errado. Sofr'um tanto, mas nem tudo isso.

A manhã, entretanto se arrasta espinhosa. Decido martirizar-me.

Claro, cada um se martiriza como pode, quer e precisa. Isso também vale pr'os sacrifícios, ou seja, os sagrados ofícios. Tudo depende do contrato que se tem com Deus. Pra mim, não são obrigatórios dor ou ônus. Há ofício sagrado na meditação, nas caminhadas contemplativas, na conversa com amigos. Sacrifícios podem ser felizes e prazerosos, até. Já me sacrifiquei transando com uma amiga que d'isso precisava (fim de namoro longo: estava depressiva, se achand'horrível, embora não fosse). E, pra ser sincero, espero que Deus não s'esqueça desse fato na hora de pesar meus atos pra decidir entre céu e inferno. Ah! E tem o purgatório, né? Média luz, pessoas inteligentes, embora pagãs, mulheres sedutoras – maliciosas, mas não más. Tentador.

Esse sou eu. Assim mesmo. E nem consigo esconder. Eu sei que poderia apagar esse último parágrafo – e tantos outros – pra salvar esta novela. Mas não consigo, acredita? Lá vou perdendo leitores, parágrafo a parágrafo. Isso quer dizer qu'eu acho, de vera, que transar com ela foi um sacrifício, ainda que tenha sido muito bom. É claro qu'estou falando a partir de minha perspectiva. Corre o risco de, pelo lado dela, ter sido uma grande porcaria. Sou normal, não pleiteio superqualidades que, sinceramente, não tenho. Pretensões cobram um preço muito caro.

Se bem qu'eu era bem mais moço. Não tinha sequer trinta. Muita estamina. Isso pode ter ajudado no sacrifício, na prestação; de repente, ela viu que nem tudo é terrível, que as coisas passam e, mais ced'ou mais tarde, tudo s'ajeita. Veja qu'eu poderia não ter feito, mas fiz. Isso é solidariedade, não é? A Lúcia diria qu'é *cafajestagem* ou *canalhice*. Mas ela não conta. Não pra mim.

Nem me venham dizer qu'é chauvinismo, o que não me parece justo. Estive muito mal em diversos momentos de minha vida e nunca – ou quase nunca, pra ser verdadeiro – um'amiga quis'e sacrificar pra me deixar melhor. Isso, sim, me parece extremamente mesquinho. Não precisava sofrer o que sofri e, com uma intercurso despretensioso, poderia ter sofrido bem menos ou deixado de sofrer.

Nove. O almoço está longe. Estou sufocado com esse silêncio todo. A ideia do martírio ganha corpo. Mas, como ia dizendo, de nada adianta recorrer a martírios que são próprios d'outros. Não me parece adequada essa martirização por atacado: todo mundo de jejum ou todo mundo s'açoitando ou todo mundo caminhando sobre fogo ou todo mundo sem comer carne – e por aí vai. Acredito que cada um deve ter seu martírio, sem estandartização.

Bater-me, por exemplo, não me agrada. Acho a dor estúpida e nada vou crescer com ela. Pode até ser que alguém cresça com a dor, o que não duvido. Mas prefiro doar sangue a fazê-lo escorrer das minhas costas ou sei lá donde mais. Principalmente extraído a chibatadas. Aliás, sei de gente que gosta de dor e, desse jeito, flagelar-se seria uma masturbação masoquista. E não me parece correto tomar o masoquismo como expressão suprema de religiosidade.

O pior é que já recorri à dor como martírio, acredita? Fi-lo pela gravidade do problema: o verbo *haver*. É uma maldade da língua: *haver*, no sentido d'*existir*, é impessoal: usa-se na terceira pessoa do singular, sempre. Erro grave qu'eu reiterava. Passei a me beliscar, impiedosamente, quando errava. Cheguei ao limite de me esbofetear.

–*Haviam* carros...

Blaft! Desse modo, não há mais carros, nem qualquer outra coisa. *Haver* me é muito doloroso. Uso com cautela. Sempre que me aproximo do *haver*, ralento a frase. É a lembrança da dor. Então, atento como um cão de guarda, passo pelo verbo com toda a impessoalidade possível: não há mais erros. Houve erros; não há mais.

Podia me martirizar com jejum, mas não acho que fome seja martírio de boa cepa. Comer, pra mim, é religião. É graça divina. Encaro um restaurante como uma igreja. Aliás, são literalmente igrejas: no grego, *ekklesía* (ἐχχλησία) é a reunião de pessoas, o que pode se dar nos templos ou nas casas de restauração, convenhamos. O problema é que, quando se considera *comer* um *evento religioso*, deixar de comer seria abandonar a Deus, o que não é boa coisa em martírios.

Assim, na falta de coisa melhor, martirizo-me arrumando a biblioteca e o escritório. Bancada, mesas, gavetas, armários, estantes. O caos impera em meu ambiente de trabalho. Pilhas de livros, papéis, caixas de vinho, CDs. Pior: lugar insalubre, onde faxineiras são proibidas d'entrar e a poeira come arretada. Meu escritório é um muquifo: o caos helênico donde deveria brotar a criação.

Em meu martírio, o caos se desfaz no esforço de reordenação. A arrumação é minha surra, minha coça, minha autoflagelação. Odeio arrumar e, se arrumo, estou me açoitando. Martirizo-me assim. E faço questão de estar ouvindo tangos, reiterados, repetidos. Faço da reiteração dos tangos a minha ladainha, o que cai bem com a proposta de martirização.

Enfim 15

Passo a manhã dessa maneira, nessa vergasta dolorosa da arrumação. Com muita dificuldade, vou mexendo nas camadas de papéis acumulados, amassando, rasgando, jogando fora, separando, reguardando, limpando. E até varrição. Ah! dor. Mas tenho o que os outros martirizados não têm. Ao fim de meu martírio, tenho a redenção comprovada. Não há porque duvidar: fui salvo! A biblioteca/escritório está tinindo de limpa, celestial.

Preciso ir almoçar. Antes, tenho que passar no outro apartamento.

Fecho a porta cuidadosamente e vou arrastar minha tristeza por aí. Preciso almoçar e, mais ainda, preciso de um pouco de álcool.

– Até mais, professor. O senhor vem amanhã?

– Tento vir todos os dias, *seu* Geraldo. Tento vir todos os dias. Então, vamos ver se consigo vir amanhã e domingo. Ah! O senhor conseguiu uma faxineira pra mim?

– Vai estar aqui segunda-feira, bem cedo.

– Eu venho por volta das nove. Marqu'esse horário co'ela. Qualquer coisa, 'cê me liga. Ainda tem meu celular, não tem?

– Sim, senhor. Mas, eu posso levar lá no apartamento do senhor.

– Não, *seu* Geraldo, por favor, não.

Ele vai acabar criando-me algum problema. É uma maritaca boba, querendo aparecer. Não suporto gente assim, esses olhos mendicantes que recolhem migalhas de aprovação e imploram por alguma recompensa. A proximidade dos dois apartamentos sempre foi uma vantagem. Agora, com a chegada desse porteiro, tornou-se um problema e pode me *avacalhar* a vida.

–*Seu* Geraldo, por favor, ninguém sabe disso aqui e não quero misturar as bolas, o senhor m'entende? Aqui é aqui, lá é lá. Nada, nem ninguém, daqui deve ir pra lá. Nada, nem ninguém, de lá deve vir pr'aqui. O senhor m'entende?

– Sim, senhor. Pode deixar.

– Estou falando sério, *seu* Geraldo. Por favor. Assim, o senhor me complica e vai me causar problemas graves.

– Não, senhor. De forma alguma.

– Outro dia 'cê cumprimentou a minha esposa. Ela comentou comigo que um porteiro qu'ela não conhece, dum prédio qu'ela não conhece, chamou-a pelo nome e a cumprimentou. Isso não 'tá certo, *seu* Geraldo.

– Ah! Perdão, professor. Vou ficar na minha, pode deixar.

– Muito obrigado, *seu* Geraldo. Muito obrigado. Um ótimo dia pro senhor.

– Bom dia, professor.

Como é sexta-feira e a vida está bem ruim, escolhi uma feijoada pr'o almoço. Amava a feijoada do *Pelicano*, mas não há mais. Amava a feijoada do *Sagarana*, mas não há mais. Então, venho aqui, no *Mauro*, cuja feijoada passa, empanzina, agrada, embora não seja com'aquelas. Mas vai me servir, é o que importa.

Procuro sentar no lugar de sempre, peço uma cachaça gelada, qu'eles guardam uma no freezer, só pr'alguns clientes. Isso deve compensar o dia difícil. Peço, também, uma água tônica com muito gelo, além da feijoada completa. Eles sabem que deverá ser servida quand'eu estiver terminando a segunda cachaça. Aprenderam minhas manias.

Na mesa ao lado, uma reunião de senhoras estraga o meu almoço. Sua presença *empestia* o ambiente: perfumes em excesso. Não me assusta, ofende ou surpreende que meus charutos e cigarrilhas incomodem narinas alheias. Fumaça serve pra quem aprecia. Gente que assume o risco da morte, qu'é próprio do tabaco. Por isso, deixo pr'acender meus pitos em locais apropriados: em casa ou em cafés e tabacarias feitos pra isso.

Se bem que, mesmo nesses lugares, feitos pr'abrigar fumantes, a horda antitabagista já chega. Os *fumofóbicos* invadem nossos sítios, atraídos pelo charme encantador da estética do tabaco e de lá nos querem enxotar também. Nós, tabagistas, deveríamos nos sindicalizar e garantir que, sem pitar ou apreciar um bom *fumacê*, ninguém pudesse frequentar esses cantos.

Odor por odor, saúde por saúde, não entendo a razão pela qual ainda não se criou, emparelhado ao antitabagismo, um ativismo *antiperfumista*. Minha cabeça já está estalando de dor. É preciso ressaltar os malefícios dos perfumes em excesso e proteger os *emperfumados passivos*: pessoas que, sem usar perfume, estão submetidas aos efeitos desses extratos aromáticos.

Surpreende-me como essas narinas são sensíveis ao tabaco, mas não se assanham com esses seres humanos (machos e fêmeas) que podem ser percebidos pelo cheiro, ainda que a distância. Não são espécimes raros e podem ser encontrados mesmo em restaurantes, aviões e outras clausuras. Seus corpos untados de colônia são defumadores com pernas, a nos furtar o prazer do prato ou da bebida. Isso também deveria ser proibido e merecer protestos acalorados, o que nunca vi.

O pior são os perfumes doces. Um dos grandes mistérios que a ciência ainda não desvendou é a razão pela qual esses *perfumólatras* (com o perdão de mais um neologismo, entre tantos) preferem cheiros dulcíssimos. São aromas de mandar diabéticos pr'a UTI, numa só fungada. Uma singela aspergida já é suficiente pra dar náuseas às paredes dos banheiros. Mas disso não se apercebem os usuários de vapores adocicados; banham-s'em fartura nas fragrâncias meladas e partem mundo afora, submetendo seu cheiro aos outros.

Perfumes são meu maior medo em aviões. Sei que o risco de cair é pequeno, mas o risco de me assentar ao lado de um *perfumólatra* é muito grande, o que me desespera. Nas viagens internacionais, então, o quadro é ainda pior. Acordar na class'econômica de voos internacionais é um inferno. A gente desperta asfixiado por uma mixórdia de cheiros diversos, todos aspergidos em abundância. O povo acha qu'é preciso renovar o perfume. Argh! Perfume não se renova; banho, sim. Se não dá pra tomar banho, esqueça o perfume, não piore as coisas.

Nem a caatinga escapou disso. Lampião e seus cangaceiros tinham o mesmo hábito: banhavam-se em perfume doce. Esforçavam-se pra esconder o registro da sudorese em ambiente de calor intenso. Devia ser de morte: budum azedo de sertão agreste, inhaca de dias de caminhada inclemente, ranço fermentado nas roupas de couro. Quer coisa pior? É só derramar perfume doc'em cima. *Argh!*

Abraçar pessoas excessivamente perfumadas, aliás, é um acidente ecológico grave e muito comum. Não raro, a gente abraça por mer'obrigação social; mas, daí em diante, passa a manifestar o mesmo cheiro pelo resto do dia ou da noite. Já voltei pra casa por conta disso. A magnitude da fedentina era tanta que larguei meus deveres do dia, esqueci-me d'agenda e volvi pr'um banho. E não basta banho comum, não. É preciso banho com bucha vegetal, preferencialmente, bucha nova, ainda seca, qu'é pra esfoliar bem. E ainda é preciso trocar a roupa. Quando há perfume em excesso, o abraço se torna um perigoso meio de contágio. É um problema de saúde pública que, até aqui, foi simplesmente ignorado pelos órgãos sanitários.

Quem vai a bar, restaurante ou festa, quem vai embarcar em ônibus ou avião, precisa seguir uma regra da moderação austera. Perfumes devem ser usados em singela e módica quantidade. Não são meios pra que uma pessoa seja detectada à distância. Não é essa a melhor maneira de chamar atenção. Não se vai encontrar o grande amor desse jeito. Nos trabalhos feitos na umbanda e no candomblé pra trazer a pessoa amada, o perfume vai pro santo e não pr'o lombo do caboclo ou cabocla.

O perfume deve ser um agrado que a gente destina a quem merece a intimidade do abraço apertado. Algo leve, como o cheiro bom das rosas que só é sentido quando se leva o nariz pra perto. O aroma precisa ser uma inconfidência, um segredo partilhado com poucos. São assim as melhores lembranças de mulher que trago comigo: achegar as narinas do cangote e sentir o cheiro bom, até então escondido, correr leve pelas narinas pra, enfim, apaixonar o coração.

Não é o caso. Estou em meio a um ataque químico de velhas sem tino. Verto a cachaça duma vez só, o que nunca faço. Não estou suportando a morrinha melada que me ataca as narinas. E – quer saber d'uma coisa? – estou velho demais pra renunciar aos aromas de minha cachaça e de meu feijão. Chamo o garçom e ralho:

– Essa mesa 'tá num lugar muito escuro e pouco ventilado. Eu quero sol. Posso mudar ali pra frente?

O cabra não entende nada. Eu sempre me assento no mesmo canto. Mas, sem objetar, é gentil e diz que sim. As donas nem se dão conta do que se passa. Talvez a cena que armei nem fosse necessária pra me levar dali pr'outra mesa, na ponta inversa do restaurante. Tão logo chego lá, vou me desculpando:

– Desculpa, Dorival, mas aquelas mulheres estão fedendo a perfume. Tive que fazer uma cena pra sair dali. Traz lá outra caninha, por favor. Vão ser três, hoje.

Ele ri e se vai. Eu fico de cá, encasquetado com os *turus* fedidos. Minha relação com mulheres é tormentosa e passional. Sou encantado, viciado, mas há coisas que não me descem goel'adentro. A beleza feminina tem custos elevados, sabem-no os homens desde priscas eras. Não só custos financeiros, mas custos pessoais, que são bem piores. Nos anos setenta, a moda eram as madeixas cascateando em volutas, lembro-me bem. Isso nos forçou à terrível convivência com os bobes. Estou falando daqueles rolinhos ou – muito pior! – daqueles rolões, cobertos ou não por papel laminado.

Minhas recordações da infância estão polvilhadas dessas figuras femininas com apensos esquisitíssimos na cabeça, cobertos por lenços mantidos em coleção. Não se lembram dos lenços? Acho que foram extintos, junto com os bobes, quando os cabelos cacheados saíram de moda. Mamãe os tinha a dar com pau, mais ou menos coloridos, e em todas as padronagens, pra combinar com os mais variados vestidos.

Pior é que as mulheres d'então achavam mesmo que um belo lenço poderia, d'alguma forma milagrosa, aliviar a horripilante feiura dos bobes em seus cabelos. E, assim, não s'emendavam: apesar dos rolinhos ou rolões, cobriam-se com o lenço e saíam de casa, serelepes, pr'a feira, a padaria, ou até pra nos levar à escola. Ah! vergonha suprema! Qu'invej'eu tinha dos garotos cujas mães só faziam isso nos salões de beleza, metendo suas cabeças (e bobes) em enormes ovos de metal e acrílico, qu'é como eram os secadores de cabelo, antes de ficarem parecidos com armas espaciais.

Hoje, os tempos são outros. Somente em escavações arqueológicas encontram-se bobes, acredito. Pelo menos, o avanço dos videogames compensou a perda dos rolinhos que, quando mamãe saía, eram usados pra brincar: túneis, muralhas, trincheiras pra soldados de plástico. Mas se mamãe chegava mais cedo em casa e nos pegava na brincadeira, a surra era certa. Na minha infância a educação era feita a couro, o qu'era normal; cruel era bater com o lado da fivela, o que não era incomum.

Hoje, não se querem mais volutas. Os cabelos devem despencar lisos sobre os ombros. No início, isso era garantido pelo muque e pela paciência dos cabeleireiros, manipuladores d'escova. Em cabelos mais anelados, tal operação represent'a perda de incontáveis calorias, além de uma perfeita definição de bíceps e tríceps.

Foi então que uns cabras mais preguiçosos, exauridos do manejo de secador e escova, começaram a inventar novos meios de garantir o visual indígena ou nipônico das madeixas escorridas. Primeiro veio a touca térmica com creme alisante. Depois, a *chapinha*. Enfim, inventaram a escova progressiva, a escova definitiva e coisas parecidas. Escova que d'escova nada tem: é um poderoso coquetel de substâncias altamente corrosivas que, aplicado sobre a cabeça de qualquer incauta, convence os fios de cabelo mais renitentes a se manterem lisos por boas semanas. Seria o paraíso, não fosse o risco de sair do salão direto pr'o pronto-socorro.

Logo, logo, a concorrência começou a oferecer novidades, como a escova de vinho ou a escova de chocolate, vitimando sem piedade os maridos. Lembro-me que há uns anos, a patroa caiu na lábia de seu cabeleireiro e, em lugar de simplesmente pentear o cabelo – o que lhe basta, devo frisar – resolveu fazer uma tal "escova de chocolate". Segundo o gajo, seria a quintessência da modernidade capilar. Se tivesse me telefonado antes, teria lhe avisado de pronto:

– Faz isso não que 'ocê não precisa, mulher. Seu cabelo já é liso e lhe bastam algumas escovadas p'ra mod'e ganhar o tal brilho que 'ocê gosta.

Mas nada. Não me ligou e caiu na lábia do *coiffeur*. E assim o unto lhe foi aplicado nos cabelos e, ao final, veio o aviso: somente poderia lavar a cabeça três dias depois. Isso não é justo. Por lei, maridos deveriam ser consultados sobre tais manobras estéticas. Claro. O cara faz e recebe pelo tratamento, a mulher se empolga com o resultado e a gente sofre as consequências. Pois eu passei três noites dormindo abraçado a um ovo de páscoa. Bah!

Chegou-me a feijoada. Está boa, ainda que não esteja estupenda. Mas como compulsivamente, suspirando em intervalos sem regularidade. Acho qu'era o qu'eu precisava agora.

Duas horas da tarde. O sol forte, aproveitando-se dos ternos e gravatas, cozinha os bacharéis como se assam como os peixes: embrulhados em casca de bananeira, papel-celofane ou alumínio. Dessa maneira, cozinham-s'em seu próprio líquido. Com esse calor, a terra se torna uma trempe em que o gás vaza à larga, em substância de chama clara. Todo mundo está por não se aguentar. Mesmo assim, espero que o meu café venha escaldante.

Meu preto quase borbulha e seu perfume torrado me lava as narinas. Sem hesitar, despelo a língua no primeiro gole: pequeno, mas afiado de tão quente, que nem pimenta malagueta curtida no azeite. Vou gole por gole, enquanto meus olhos pescam saias, vestidos e decotes na calçada. Sou um chauvinista, diriam algumas, ao qu'eu retrucaria, convicto: não resisto à contemplação do que é lindo. Não é safadeza, mas estética.

O telefone toca:

– Professor, é o Geraldo.

– Diga, *seu* Geraldo. O que foi?

– Professor, eu ouvi uma voz dentro do seu apartamento. Parece que tem gente conversando lá dentro. Toquei a campainha, mas ninguém atendeu. O senhor quer qu'eu chame a polícia?

–*Seu* Geraldo, não faça nada. Eu tenho um sistema de segurança. Se houvesse gente lá dentro, o sensor de presença teria captado e eu receberia uma mensagem, pelo celular. Não faça nada.

– Mas eu ouvi vozes e barulhos e música e...

–*Seu* Geraldo, eu devo ter deixado a TV ligada. Por favor, não faça nada. Olha, vou ser sincero com o senhor. Se continuar assim, eu vou ter que ir falar com o síndico. O senhor está se intrometendo mais do que deveria e está me incomodando.

– Que é isso, professor? O senhor me desculpa. Eu só quero ajudar e fazer bem o meu trabalho.

– Então, *seu* Geraldo, esquece o meu apartamento, esquece a minha mulher, m'esquece. Por favor.

– Sim, senhor.

– Não lhe quero mal, *seu* Geraldo, e o senhor sabe disso. Mas preciso que o senhor seja mais discreto, por favor. Do contrário – eu já lhe disse –, irá me criar problemas. Por favor.

– Tudo bem, professor. O senhor me desculpe.

– Ok. Vou ver se consigo passar aí amanhã.

– Um bom dia, professor.

– Bom descanso pr'o senhor. Não se preocupe com o meu apartamento. Está tudo bem, ouviu?

– Sim, senhor.

Pago a conta e enfrento a rua. Até a brisa procurou uma sombra *p'ra mod'e* se refrescar. Nesse cenário abafado, caminho pensando: vida estranha, caprichosa. Ergue e derruba. Não está errado quem compreende o ser humano como um pequeno barco – quiçá uma jangada – à mercê do oceano. Êta mar, que por vezes é bonito de lascar, por outras assusta, pulando da calmaria pr'a tempestade. Mar que nos leva e nos traz, mar que afoga. Acho qu'é por causa desses altos e baixos que a gente se sente testado pela vida. É como se alguém nos provasse.

Paro na esquina, esperando um semáforo favorável. Dois caras tecem reprimenda a alguém que não conheço. Nada de novo. Olhando tudo por fora, a sociedade segue condenando. Não lhe interessa a história de cada um, seu contexto, seus motivos. Cada pessoa compreende o próprio erro, nunca o dos outros. Os dramas pessoais não interessam: bastam as aparências que permitem distribuir rótulos e desabonos. Mas não é ela, a sociedade; somos nós e nosso direito ao veredito.

O semáforo enfim contém os carros e eu retomo a marcha. Danem-se os julgamentos e os rótulos. A cada um cabe o esforço de seus dias. Toco os meus. Não acho que cumpro linhas, certas e inevitáveis, escritas por alguém que me testa maldosamente. Creio na efetividade da realidade histórica: a vida acontece de um jeito ou de outro e nas voltas que dá, o caráter de cada ser humano é, sim, posto à prova. Assim ou assado, é a minha vida e devo vivê-la do melhor jeito possível, pra mim e pr'os outros. O telefone, de novo:

– Alô.

– Onde você esteve?

– Almocei uma feijoada, tomei um café e estou indo pra faculdade.

– E de manhã?

– Fiquei em casa, arrumando a biblioteca.

– Arrumando a biblioteca? Não acredito.

– A manhã inteira. Está um brinco.

– Mas eu liguei e a Fabrícia me disse que você tinha saído antes das onze.

– Você sabe bem ond'eu estava.

– Dando *uns perdidos* por aí, não é?

– Desde que nos conhecemos, eu lh'avisei que preciso disso pra viver: andar sem destino, sentar em praças e ver as pessoas, percorrer ruas que não conheço. É minha maneira de expressar minha fé na vida.

– Eu sei, meu querido. Eu sei. Mas você concorda comigo que é muito estranho ter um marido que some quase todo santo dia. Às vezes, tenho vontade de contratar um detetive pra segui-lo.

– Leda, eu já lhe disse: antes de contratar um detetive, peça o divórcio. No dia em que você precisar, mesmo, d'alguém que me siga, o casamento já estará acabado.

– Brincadeira, meu querido. Você já me disso isso. Desculpe-me. Eu lhe prometi antes e prometo agora: nunca vou colocar um detetive pra lhe seguir. Nunca, viu? Posso pegá-lo depois da aula?

– Claro. Fico lhe esperando na frente da escola. Um beijo.

Acendo um pequeno charuto – insisto nessa boçalidade antiga – e gozo o sabor da fumaça que, *escavando-me* a garganta, busca legar-me um câncer.

Sei que a vida comporta viradas. Há momentos nos quais uma decisão ganha o espírito e retomamos as rédeas da própria existência, pra ser ou mudar. Quebram-se maldições, rompem-se vícios, superam-se quadros desoladores.

– Não mais. Não mais. Daqui por diante, será do meu jeito e será melhor.

Decidir não é pouco, mas não basta. É preciso disciplina, persistência, determinação. Tentar quantas vezes for necessário. Como disse Rumi, um poeta persa do século XII, podemos tentar quantas vezes quisermos, pois a porta estará sempre aberta. "Porque você permanece na prisão quando a porta esta completamente aberta?"

Olho ao meu redor e observo todos esses que, como eu, são grelhados nas avenidas e praças. Lembro-me de várias passagens em que li ou ouvi algo e decidi mudar. Quando era muito jovem, Neila, minha psicoterapeuta, lascou-me na cara: "– Se você quer independência, independa. Reclama que seu pai se intromete na sua vida, mas é você que o coloca em sua vida, chamando-o a suportar ônus que são seus." Tornei-me adulto nesse dia. Agora, sou um velho.

Encasqueto com minhas próprias palavras, eu que falo demais. Esparramando textos por aí, tento ter cautela, embora nem sempre consiga. Já escrevi tanta coisa, já publiquei um monte de frases. Temo que haja, no inferno, um lugar só pra que faladores paguem pelos danos que causaram com suas palavras. É meu pesadelo: as lágrimas ainda nem secaram no rosto dos amigos, a alegria ainda não se dissimulou nas bochechas dos inimigos, e lá estou eu, diante de Uriel, o arcanjo que sepultou Adão e Abel. Postado do outro lado da morte, ele port'a espada flamejante e separa os justos dos injustos. Olha p'ra mim, peg'um dos meus livros, abr'em certa página e aponta:

– Está vendo esta passagem que você escreveu? Muita gente sofreu injustamente por isso.

E lá vou eu pr'o caldeirão do *decaído*. Deus me livre.

Ainda assim, arrisco-me: somos e devemos ser como os rios: nosso destino é o mar. Se em nosso caminho uma barreira se forma ou uma barragem é erguida, não devemos desesperar. Melhor será persistir, insistir: formar um amplo lago e, enfim, uma cachoeira que, ao final, recomponha o leito do rio e, seguindo o seu fluxo, caminha pr'o destino: tornar-se o oceano.

Então, eu a vejo essa mulher, linda. Apenas em cumprimento ao *Regimento Interno da Masculinidade*, apanho com os olhos, de cima a baixo, a Sinhá-Dona que vem caminhando na direção contrária. Obrigação regimental é coisa séria e deve ser respeitada: homem que é homem deve aprimorar-se constantemente na percepção da importância da mulher pr'a existência, o que inclui, por certo, varrer de olhada, nos mínimos e máximos detalhes, os melhores espécimes do gênero feminino. Senão, perde o prumo, o tato, o jeito da coisa: trompica no descaso e cai de cabeça na cova: morreu.

Sinhá-Dona bonita e – como direi? – apetecível (palavra que não se pode qualificar como chula, não é mesmo?). Uma loira curvilínea em roupa colada à pele, decote em "v" exibindo a parte interna dos seios decorados com sardas e historiando, pela marca mais clara, a existência outrora de um biquíni. Mulher de seus cinquenta anos ou mais, no que não revelo qualquer preconceito, no mínimo em respeito à Constituição da República. A idade duma mulher, passados os vinte e um anos, não é problema; o problema é o desencanto. E nem se diga qu'é afirmação preconceituosa: a aferição da ausência de encantos, e de seus efeitos sobre o avaliador, não é pré-conceito: é pós-conceito e isso a Constituição não veda.

Mas, olha. Nhá-Nhá me pega assim, em pleno exercício d'avaliação estética. E não é que sustenta o olhar em mim? Mulher normalmente desvia o olhar pra baixo, fazendo-se de tímida, pr'o lado, fazendo-se de desentendida, ou pra cima, fazendo-se de ultrajada. Fazendo-se sim. Qualquer um que já furtou conversa entre mulheres – principalmente quando o grupo é maior –, sabe muito bem que tais reações são mero jogo de cena. Juntas, elas falam coisas de deixar qualquer marmanjo enrubescido, como se fosse personagem de José de Alencar.

Nhá-Nhá não se faz de nada, ou melhor, faz-se de tudo: encrava os olhos neste velho; sei lá eu porque, já que não sou modelo de coisa nenhuma. Ela vindo e eu indo, um olhando pr'outro, a distância encurtando e a besta quadrada aqui sem saber o que fazer. Sorrio eu, ela sorri. Passo por ela, ela passa por mim e fica nisso. Poderia dizer que sou um idiota, um energúmeno, um frouxo ou coisa parecida. Mas prefiro afirmar que sou, apenas e tão somente, um marido fiel.

Mulher senhora de si não é um fenômeno novo, e Dona Beija dá-me testemunho favorável. Nova é a generalização do fenômeno, a deixar o patronato doméstico de cabelos em pé. Não dá mais pra ficar reclamando das sirigaitas, pecha e peja de mulheres que, no passado recente, ousavam ser interessantes. Sirigaita, hoje, é mulher disputad'a tapa, champanha e joias, que casa com marido rico, não raro muito mais velho. E marido qu'está feliz da vida com a desinibição da moça. A mera gerente do lar, cujo corpo e jeito já eram, por si só, garantia de fidelidade feminina eterna, não é uma espécie em extinção, mas anda com cotação baixa em bolsa.

O problema, agora, é de atualização. A nova mulher pede um novo homem, mais à vontade com o exercício da autonomia feminina sobre sua vida, corpo e sexualidade. Homens que não fiquem estupefatos e saibam o que fazer diante de uma ampla, geral e irrestrita receptividade ou, mesmo, diante de um ataque explícito. Tenho um amigo agalinhado pra mulheres, que, noutro dia, espantou-se, numa boate, quando a sinhazinha com quem dançava – e mal sabia o nome – disse-lhe que não tinha muito tempo e perguntou se iriam ficar ali até o fim da noite. Uau! Pior (quer dizer, melhor) é que não é caso isolado. O número de caras que são *vítimas* (ah!!!!) de cantadas explícitas pra longos enamoramentos ou tórridas aventuras rápidas cresce vertiginosamente, embora ainda não haja números do IBGE sobre o tema, talvez por pressões do Palácio do Planalto.

Cheguei à faculdade. Aula pr'os alunos do mestrado e do doutorado: sexta-feira, pela tarde. Isso é um castigo, por certo. Mas não pra mim: fui quem escolheu dia e horário. Achei qu'esvaziaria a turma. Não deu certo.

O ar-condicionado torna o ambiente possível, apesar do sono causado pela "baixa alcalina": a lombeira que segue o almoço de curta lembrança. Ali está ele, no gosto entre os dentes, no peso na barriga e nas pestanas que imploram por um cochilo. Não falo de mim. Falo deles: os alunos. Não são muitos e têm idade e apresentação diversas: há advogados e juízes, com seus ternos e roupas formais, há estudantes recém-formados, de jeans ou bermudas, tênis e até chinelos que, confesso, acho desrespeitosos. Mas não vou perder o meu tempo brigando por isso.

– Mas a ética é a ciência da moral, professor!

– Prefiro encarar a ética como aprendi com o professor Américo Pessanha: uma *estética da existência*. Não aceito, portanto, a redução da ética à *ciência da moral*. Não a penso apenas como um espaço pr'a afirmação dos padrões sociais do bom e do ruim, do certo e do errado, do moral, do imoral e do amoral. Isso é pouco, muito pouco. A ética, pra mim, é a escultura ou a pintura do próprio caráter. É a expressão da arte de ser humano, a implicar o trabalho de construção de si mesmo, o esforço por ser melhor.

– Mas qual é a referência dessa Ética, que não seja a moral?

– Aí é que está. A moral é a moral e tem as suas referências sociais. Confundir a ética com a moral é reduzir duas coisas a uma só. Sim, eu sei que isso é possível e que a maioria dos pensadores faz isso. Não estou dizendo que você está errado. Mas acho que se perde muito reduzindo a ética à moral. É com'uma invasão absoluta do social sobre o individual, reduzindo, ainda mais, um espaço qu'é de cada um.

– E quais seriam as referências dessa *estética da existência*, dessa ética individualista?

– Não acho que se trate d'uma ética individualista. Somos seres sociais. Cada um na procura por fazer de nossa existência algo melhor. Mas é possível trabalhar pela construção de uma existência que seja mais bela, vale dizer, trabalhar segundo uma *estética da existência*. É claro que é necessário levar em conta as referências morais. Mas são possíveis éticas que sejam estruturadas por referências diversas. Há muitos que optaram por uma ética religiosa ou, até, por uma ética da santidade. Isso está além da moral: seguir preceitos religiosos e tentar fazer da vidas uma celebração religiosa.

– Entendo...

– É uma ética d'estética religiosa. Mas há também uma ética de estética militar, que também não é moral. E os Estados muito se beneficiam dessa estética do serviço bélico. Pelo lado oposto, uma ética hedonista é igualmente comum: sem triscar na imoralidade, busca fazer da obtenção do prazer a referência maior do comportamento. A partir dessa referência estética, é necessário disciplina pr'o respectivo agir ético, o que nunca é fácil. A indolência (a inércia) e as paixões conspiram contra nós mesmos: são inconfidentes que se posicionam no eu, de forma consciente ou não, empurrando-nos alogicamente pra lá e cá, podendo nos arremessar pr'a desgraça.

Uma aluna muito jovem, leitora voraz de tudo o que lhe cai nas mãos, mas que porta olhos sedutores, me interrompe.

– As paixões são antiéticas?

– Isso os gregos afirmavam e essa compreensão está na raiz do que é a tragédia, tomada como gênero teatral. Vocês devem ter visto nos textos que pedi pra lerem.

Corro os olhos pela sala. Ela leu e concorda comigo. Mas sei que muitos não leram nada. Sei que a maioria suport'a disciplina de olho na defesa e no título. Há pouco interesse em qualquer forma de conhecimento, 'inda mais essa visão subversiva que vou oferecendo de ética mercantil, num curso de Direito Empresarial. Muitos devem até ter tentado ler isso ou aquilo, mas julgaram tolices desnecessárias. Não os culpo.

– Quando falo em paixões, falo em todos esses estados de sentimento e emoção. Estados corpóreos, físicos, biológicos: desejo, ódio, pavor, tesão, depressão etc. É o corpo que fala, grita, berra: eu quero ou não quero. Eu mando. Não mando pela razão, mando pelos tremores que escorrem pelas veias: eu vencerei, pois sou a essência do eu: "sou a própria Vida", insiste o corpo. Mas é preciso domá-lo, ou seja, cada um de nós precisa domar a si mesmo.

Estão atentos e, ao que tudo indica, a mensagem poderá completar seu ciclo e, assim, justificar o magistério. Talvez eu esteja, nesse momento, colocando uma reflexão que lhes seja efetivamente útil. Gosto disso.

– Sou, sim, o corpo, sou biológico. Mas não sou e não posso ser só isso. Devo ser, também, a razão e a intuição. Devo ser a mente e, mesmo, a alma. Preciso me permitir, como preciso negar a mim mesmo. Preciso construir um *eu* que seja melhor, em todas as dimensões. Preciso respeitar o animal em mim, mas não posso me reduzir a ele. Preciso ser melhor. Há uma decisão tomada e, por mais que a indolência humana m'empurre pra longe dela, por mais que as paixões me açoitem, torturem-me pra que ceda, preciso persistir. É meu dever ético.

– Não é algo fácil.

– Não. Não é. Mas é preciso persistência. Decidiu? Principie. Falhou? Retome. Você pode decidir de novo, principiar de novo. A porta estará sempre aberta. Então, como disse o sambista Noite Ilustrada, reconheça a queda e não desanime: "levanta, sacode a poeira e dá a volta por cima."

– O samba é de Paulo Vanzolini, professor.

– Ahn?

– Esse samba, que o Noite Ilustrada gravou, é uma composição de Paulo Vanzolini. Era um zoólogo paulista que escrevia preciosidades. É o autor, também, de "Ronda".

– Nossa. Fantástico. Obrigado. Mas, como eu ia dizendo, acredito que a vida é uma oportunidade individual e social; aliás, uma oportunidade improvável. Tem um fim incerto, um tempo imponderável e nos deixa à mercê das possibilidades físicas: tudo o que é possível fazer.

– Lícito e ilícito?

– Neste plano em qu'estou tratando agora, sim. Falo das possibilidades físicas: o que pode ser. A ética se constrói, assim como o Direito, sobre essa base da possibilidade física, o que se faz por meio de recortes: no que pode ser a afirmação do que deve ser, em proveito do grupo – e todos somos beneficiários de níveis mais elevados de convivência, inclusive as gerações futuras. E mesmo em proveito próprio, hein?

– Ética pra viver melhor?

– Sim. Não apenas viver melhor no grupo, mas viver melhor sob um olhar individual: *honrar a vida*, nas palavras de Mercedes Sosa. Fruir essa oportunidade limitada, adotando uma postura e um comportamento por meio dos quais não apenas se cumpra um papel positivo no grupo, o que beneficia a todos, mas também dê significado e excelência à própria existência.

– Ética pra alcançar a felicidade, professor?

– Não acho. Depois de tantos anos, acho que a felicidade é um jeito de caminhar, um jeito de viver. Portanto, felicidade é um olhar, uma postura, um modo de se comportar. Talvez se possa falar em ética da felicidade... mas preciso pensar melhor sobre isso.

– Ética da felicidade mesmo diante da ideia da morte?

– A morte é minha companheira de vida: sempre esteve ao meu lado. Sempre me avisou que o meu momento chegaria e qu'eu deveria merecer a vida. Há décadas, minha morte se deita e acorda comigo, faz as refeições comigo, incentiva-me a fazer algumas coisas, mesmo penosas, desaconselha fazer outras: *tem certeza de que paga a pena?*

Há um silêncio que traduz impacto, assim como traduz desinteresse e até rejeição absoluta. Mas isso é comum.

– Agora, vejam: até aqui, trabalhamos com a ética grega de duas formas: a clássica, identificada com Homero, a partir dos textos da *Ilíada* e da *Odisseia*. Nessa compreensão, a ética é a manifestação de uma excelência que o *bem-nascido* traz de berço: é uma questão de linhagem. Em oposição, partimos de Hesíodo, e seu *Os trabalhos e os dias*, pra trabalharmos com a problematização filosófica da ética.

O fascínio já se foi. O assunto voltou a pesar com a digestão do almoço e, assim, vou perdendo a atenção, ainda que alguns me olhem fixamente. Olham-me, mas estão escondidos em suas conjecturas, abrigados dessa chatice, exilados do qu'eu digo.

– Pra fechar essas considerações e prepará-los pr'os textos que indicarei, hoje, quero lhes falar de Empédocles. Ele viveu há cerca de dois mil e quinhentos anos, em Agrigento, uma cidade que ficava na Sicília. Hoje é a Itália, mas na primeira metade do século V a.C. er'uma terra de gregos (a chamada Magna Grécia). Ali nasceu, viveu e, enfim, morreu, provavelmente entre 490 e 430 a.C. Empédocles dizia que há duas forças elementares que regem o universo: o Amor, que une, e o Ódio, que separa. Essas forças atuariam sobre os quatro elementos básicos que formam a realidade física: água, ar, fogo e terra.

– Uai, professor. Isso é Alquimia!

– *Alquimia* é uma palavra interessante. Vem do árabe *al-khimia* e se traduz por "*a química*". Simples assim. Mas em tempos de pouca ciência e muita superstição, queimaram-se químicos por suspeitá-los conectados ao "arcanjo decaído", Lúcifer.

– Lúcifer é um arcanjo?

– Era, minha querida. O nome Lúcifer vem de *Lux ferre*: o produtor/portador da luz. Era um arcanjo, um ente celestial de primeira grandeza. Mas teria ficado inebriado com o poder que Deus lhe confiara e se pretendeu mais poderoso do que o próprio Criador. Eis a razão de ter decaído, passando dos céus aos infernos.

– E os alquimistas cultuavam o demônio?

– Acho que não. Os fundamentos da alquimia estão nas investigações sobre a física e a química que, no entanto, misturavam-se com cultos religiosos considerados pagãos: sumérios, egípcios, gregos e árabes. A identificação com Lúcifer era o mote perfeito pra que sacerdotes ensandecidos, colocando-se na condição de mandatários divinos, levassem milhares à fogueira: químicos, astrônomos, mulheres especialistas em ervas (curandeiras), filósofos. Enfim, *hereges*. *Heresia* é outra palavra interessante. Vem do grego *hairesis* e se traduz por opinião, escolha, opção. Seria pecado recusar o que lhe é dito pra pensar livremente e buscar a verdade.

Vou projetando diversas imagens pra auxiliar a compreensão do que digo, incluindo alguns esquemas gráficos. Isso também ajuda a afastar o sono da tarde quente, apesar do ar-condicionado.

– Claro que os alquimistas não eram meros químicos. Estavam mais próximos da Filosofia e das investigações espirituais. Ao contrário dos cientistas de hoje em dia, nos laboratórios alquímicos se buscava a essência da vida, ao que serviam não só os quatro elementos fundamentais, mas também o Amor e o Ódio, unindo e separando. Por tal via, mais do que constituir reações químicas ou físicas, os alquimistas trabalhavam sobre si mesmos, cunhando – ou tentando cunhar – sabedoria.

Entender como atuam as forças amorosas e odiosas sobre os pares opostos que diagramam a realidade: alto e baixo, escuro e claro, molhado e seco, bom e ruim, certo e errado etc.

– A alquimia seria, então, uma afirmação da ética como estética da existência? É isso?

– Não. Não acredito. Mas acho que servia a tanto. Não era uma afirmação consciente dessa compreensão ética, mas conduzia a uma postura que se aproveitava a essa concepção. Veja: é curioso falar em pares opostos num ambiente de heresia. Isso quer dizer que há uma investigação herética, sem as amarras dos dogmas, do que seja certo e errado, o que nos leva à construção de si mesmo. Afinal, essas referências permitem deslocar meu olhar e concluir, de um jeito absurdo, que soluções e problemas não estão aí fora, no mundo, mas aqui dentro, em mim.

– Isso pr'a Igreja Católica medieval devia ser um problemão.

– Mas não é? A carne de porco que nos delicia na feijoada de sábado causa repulsa a judeus e mulçumanos, considerada impura, suja. Em algumas regiões da China e da Coreia aprecia-se a carne dos cães, iguaria que a maioria de nós recusaria enojado. Há homens que matam suas esposas por suspeitarem-nas infiéis; outros as expoem nuas na internet, felizes por verem-nas infiéis. A dor que desespera uns delicia outros. O que é bom? O que é ruim? Ao que permitirei o efeito de tornar minha vida miserável?

– Por isso era preciso queimá-los?

– Os alquimistas se entregaram à Grande Obra (*Opus Magna*): obter a Pedra Filosofal que lhes permitiria prolongar a vida, transformar qualquer metal em ouro e, mesmo, aproximá-los de Deus. Pergunto-me se não seriam suas almas ou, quiçá, seus corações, o objeto dessa busca. A grande obra não seria criar a Pedra Filosofal em mim? Compreender as forças de Amor e Ódio, entender que o fogo dos dias molda a mim e pode me fazer compreender que a realidade está além das aparências, como dizia Parmênides: que tudo é uno, e, pra além disso, que tudo é divino, como não se cansam de repetir os sufis árabes. E, então, eu poderia perceber que há ouro nos enferrujados ferros velhos do meu cotidiano.

– Professor, o senhor é muito doido. Que salada.

– Mas é exatamente isso: uma salada. Quando as cidades gregas já estavam decadentes, subjugadas pelos macedônios, de Filipe e Alexandre, um filósofo se alojou num jardim: Epicuro. Ali, pregava aos seus discípulos uma vida simples, marcada pela busca do conhecimento que permitiria afastar a dúvida e o engano do espírito. Ensinava, ainda, os benefícios da busca pela satisfação sábia, ou seja, o prazer das coisas simples. Ao satisfazer-me com o que tenho, com o que vida me proporciono, acabo por me libertar do desejo do que não tenho – talvez nem possa ter. Livro-me, assim, do sofrimento do que não tenho, trocando-o pelo prazer do que a vida me proporcionou.

Sei disso desde os vinte e poucos anos, quando eu próprio era um estudante de doutorado. Escrevi isso várias vezes. Mas não sei se o aprendi ou se soube viver assim. Escrever é sempre fácil.

05

Com a aula terminada, deixo algumas coisas no escaninho e saio. Minhas obrigações estão findas, mas, do lado de fora da sala, um aluno m'espera.

– O senhor propôs uma ponte entre filosofia grega e alquimia, sob uma perspectiva ética. Haveria como fazer uma ponte parecida com a cultura oriental.

– A ética que busca a iluminação, entre *saatori* e *nirvana*?

– Algo assim. O que me diz?

– Procure por um livro chamado *O Zen e a arte da manutenção de motocicletas*, escrito por Robert M. Pirsig. É literatura, mas irá colocar questões interessantes pr'ocê pensar.

– E isso pode se aproveitar pr'o Direito Empresarial e pr'a atuação empresarial?

– Essa é a questão central de nosso curso. Creio ser equivocada a compreensão da ética como uma referência estranha ao fenômeno econômico e empresarial. Essa divisão serviu a uma estrutura capitalista rudimentar dos séculos XIX e XX: as empresas se guiariam por uma ética de resultados econômicos, exclusivamente. Isso nos conduziu aos desmandos que foram maiores no século XIX, durante a Revolução Industrial, levando à reação anarquista, socialista utópica e, enfim, ao marxismo e suas derivações – ou corruptelas – políticas. Mais do que isso, estendeu-se pelo domínio das grandes corporações no século XX. Esse enredo nos traz aos desafios contemporâneos, pr'os quais temos que procurar respostas.

– Valeu, professor.

Sigo pelo saguão e ganho o lado de fora. Leda já m'espera no carro. A noite mal começa nos retalhos de céu que os prédios nos permitem ver. Belo Horizonte tem desses fins de tarde de cores fortes. Hoje, um toldo azul-marinho, ainda não muito escuro, está borrado de laranja, marrom, vermelho, e ainda tem umas linhas de violeta e cinza, azul-claro na parte mais baixa. Quando entro, ela sorri e pergunta:

– Cedo demais pr'um vinho?

– Bebemos, jantamos e, então, vamos pra casa. O que acha?

- Vamos ao restaurante *Lourdes*?

– Por mim, tudo bem. Mas eu preferiria ir ao *Oroboro*. Gosto mais da comida do Rommel.

– Não. Vamos ao *Lourdes*, hoje. Uai! Cadê sua aliança?

– Ahn? A mão inchou e eu tirei.

– Onde a deixou?

– Em casa. Saí tão apressado, de manhã, que m'esqueci de recolocar. O pior é que não me lembro se a deixei na biblioteca ou no quarto ou no banheiro.

– Ahn?

Eu a deixei no outro apartamento, lembro-me bem. Agora, tenho um problema. Eu troquei as alianças tão logo entrei e, no entanto, esqueci de destrocar ao sair. Porcaria. Agora, preciso ser bem hábil pra não ter mais problemas. Preciso mudar o rumo da prosa, com certa urgência.

– Pensou sobre o que falamos ontem? Pensou em nossa discussão?

– A briga não me saiu da cabeça. Não entendo o que há de errado entre nós. Não entendo por que brigamos tanto.

– Leda, não há cumplicidade entre nós. Haveria se você cumprisse seu papel no casal. Aliás, essa é uma luta antiga, e sua omissão criou desgastes que agora tornam mais difícil essa cumplicidade. E o pior é que você continua jogando esse jogo ruim.

– Eu não sei o que dá em mim. A gente conversa, eu percebo meus erros, compro a ideia da mudança e a gente se ajeita. Depois, eu acabo entrando numa rotina e m'esqueço de tudo o que a gente ajeitou.

– Leda, é tudo muito simples. Até sua resistência e seu desinteresse são simples. É fácil notar o papel que você vem encenando: uma mentira que você insiste em manter, apesar de já ter sido denunciada. Eu poderia acabar com o casamento, mas insisto. Estou aqui, esse tempo todo, renovando a esperança de que você se torne minha cúmplice na construção do casal. Mas você não vem.

– Sou imperfeita, erro mais do que deveria. Perdoe-me. Sinto uma dor horrível só de pensar que o nosso amor pode acabar. Nós estamos conseguindo resolver boa parte das nossas pendências, atacando caso a caso. No sexo pode ser assim também. Talvez se fôssemos outras pessoas ou se você fosse casado com uma jovenzinha tudo isso seria mais fácil. Falo isso pensando na naturalidade com que as mulheres mais jovens vivenciam o sexo.

Eu a ouço com o alto custo dos que estão mais acostumados a falar. Pior é que são os mesmos argumentos d'outras conversas parecidas. Não concordo com o qu'ela diz. Mas é ruim quando somos repreendidos justamente por aqueles a quem escolhemos pra desfiar nossas dores. O confidente deveria ter, no mínimo, piedade de sofrer junto. Melhor se compreendesse e absolvesse. Mas não. Esse não sou eu.

– Olh'a sua burrice, de novo. Não percebe qu'eu seria feliz se as coisas dessem certo entre nós? Não me serve uma mulher mais jovem ou qualquer outra mulher. Quero viver bem com você, mas você não deixa. Não há outra mulher com quem queira viver. Quero ser feliz com você.

– Ai que lindo! Amo você demais da conta. Eu quero consertar tudo.

– Está ruim, Leda. Vivemos no plano das promessas. Olha: querer deve ser o primeiro passo do fazer. Se não faço o que quero, não quero; apenas digo querer.

– Entendo. Você tem razão. O pior é que você já tinha falado disso comigo.

– Estou casado com você e é com você que devo construir a felicidade de cada dia.

Minha atenção continua na aliança. Tenho a outra em meu bolso. São bem diferentes. Ainda bem que percebi tudo antes dela. Eu sempre troco as alianças ao sair do apartamento. Mas m'esqueci completamente, dessa vez. Isso está fugindo de controle e pode acabar mal. Mas não há qualquer solução. Nenhuma.

– Eu sou muito burra, viu?

– Leda, isso está acabando com o casal. Você é uma mulher magnífica, linda, sensual e, com cinquenta anos, dá um banho na maioria das garotinhas. Agora, se você não se sentir mulher o bastante, não vai dar certo.

Somos insuportáveis, nós, os que discordamos. Somos os traidores da inconfidência, somos os delatores, os acusadores, os pérfidos. Somos aqueles que largam o confessionário, logo após a constrição do pecador, e corremos lépidos à delegacia de polícia pra levar a notícia do crime.

– Querido, eu tenho tesão próprio. Sou carinhosa, também. Mas negligencio minha posição de esposa por comodismo e até por criar outras prioridades. E você é estranho: vai da seca à tempestade. Confesso que quero muito me adequar pra conseguir ser feliz com você. Mas não consigo. O que sempre acontece é qu'estamos bem, mas com um grande senão. Ridículo, a culpa é minha por deixar que tudo siga sempre o mesmo rumo. Mas vou mudar; eu sei que vou.

O trânsito truncado do final de sexta-feira torna as coisas muito piores pra ela. O carro está preso entre carros: os que vão pra lá, os que vêm pra cá, os que pretendem virar e por aí vai. A cidade fechou-se com'a trama em palha de um cesto artesanal. Vamos ganhando centímetros insuficientes, enquanto o semáforo brinca de mudar de cor, inutilmente. Como ocorre todo começo de noite, engatinhamos por horas pra vencer poucos metros, enquanto a melancolia vai se tornando depressão e os motores giram inutilmente, esquentando o mundo.

– Sabe o qu'eu acho, Leda? Você não sabe dançar uma coreografia de casal. Casais devem bailar como casais. A harmonia deve ser construída instante a instante. Num descuido, ela se perde. E é mais fácil destruir do que construir. Por isso é preciso estar atento pra cada momento.

– Mas eu quero e vou resolver isso tudo.

– Talvez deseje, mas não quer. Insisto: querer é o primeiro passo do fazer. E você não está fazendo. Espera que as circunstâncias resolvam tudo pra você. Isso é pouco provável; muito pouco.

Minha posição lhe desagrada tanto que, num lance ousado, ela joga o carro pr'a esquerda, encontra uma brecha entre dois veículos, passa-os e vai avançando por brechas que cria à medida que força a direção. São guinadas bruscas que nos fazem desprezar os centímetros e garimpar metros valiosos. Abeirando-se do semáforo que vai fechar, ela arremessa o carro pr'o outro lado do cruzamento e, jogando-o pr'a faixa da direita, avança na rabeira de um ônibus.

– Por isso você sofre. É a dor d'um vai-não-vai ou, pior, d'um vou-não-fui. Leda, esteja atenta à liturgia das circunstâncias. Há momentos em que a vida espera o seu passo. Por mais que alguém queira, não pode caminhar por outra pessoa. Eu não posso assumir o casamento pra nós dois. Nós dois temos que o assumir. Não posso tirar de você o ônus da vida.

O ônibus se entrega à dança de saltar entre faixas. Ela o segue, fazendo o mesmo desenho, a mesma trilha. É quanto basta pra superarmos o quarteirão. Então, ela deixa os fundilhos do coletivo, dobra à direita, onde encontra uma avenida com algum espaço. Acelera mais forte mas, segundos à frente, uma sinaleira a detém. Mas já deixamos o miolo da cidade. Agora será mais fácil prosseguir.

– O rito não é esse. Não se salva um casamento assim. Não se salva um relacionamento profissional ou familiar, nem a própria existência solitária de alguém. Do jeito que você age você nos empurra pra brigas.

–Ai, meu Deus! A última coisa que quero são brigas. Então, amor de minha vida, deixa comigo que vou fazer o qu'é preciso.

– Temos uma história linda, apesar dos desentendimentos. Não dê passos que atentem contra isso. Não vale a pena.

– E o que devo fazer, agora? Quero me corrigir. Vou me recompor.

– Nunca s'esqueça de que é preciso estar em sintonia pra que haja equilíbrio. Isso está faltando entre nós. Amor deve ser celebrado e vivido como nosso grande valor. Eu sinto falta d'ocê, d'estar com você. É preciso assumir a condição de casal. Você não cumpre seu papel e desconfia de mim, impedindo-me de cumprir o meu. Você não me dá a energia feminina, como deveria, e parece não querer a minha energia masculina. Você está funcionando num modo de defesa mesquinha.

Começa a chover, enquiabando o chão e embolando ainda mais o trânsito. Nos carros, lá atrás, o desespero ou o desânimo pegam carona. Estão ali pra desperdiçar a vida de quem ainda se submete à cidade.

Belo Horizonte muda de perfume. Conforme s'está aqui ou ali, o cheiro é de mofo, de terra ou grama molhada, de lama e até de esgoto transbordado. Pra nós que, de carro, percorremos as ruas do Bairro de Lourdes, o cheiro é de asfalto enxaguado e suor de carros. Na chuva, carros exsudam de modo diverso: pra dentro e pra fora. Dentro, há um

suor humano que se mescla a cheiros de plástico, borracha, vidro e outras coisas. Pra fora, carros exsudam como máquinas, cheirando a gasolina queimada.

– Que sorte. Chegamos. Já pensou com'o trânsito vai ficar agora,
com a chuva?

Falou isso e já foi saindo do carro. Conheço bem essa reação: a
conversa acabou. Ela não quer mais falar sobre isso.

M al entramos no restaurante, Leda se vira e me diz:

– Não sei se cheguei a lhe dizer, mas dois amigos meus, Breno e Elaine, vão jantar aqui hoje. Quem sabe ficamos com eles?

Fecho a cara de pronto. É mais uma armadilha, entre tantas qu'ela me prepara. Já briguei muito. J'argumentei, expliquei e até concordamos que não é bom agir assim. Mas ela insiste. É o jeito qu'encontrou pra sobreviver, ainda que ridículo: mentir. Mente pra si e tenta mentir pra mim. Engana-se e tenta, de quebra, enganar-me. Sua vida está assentada sobre uma mentira continuada, mas ela não vê e não quer ver.

– Pronto. Você fechou a cara. É tão errado assim conviver com pessoas próximas de mim?

– Não estou incomodado com seus amigos. Estou incomodado conosco, com o fato de você não cuidar de nós, do nosso ninho. Este era um momento e um espaço nosso e você abriu mão disso. Não haverá um espaço pr'o casal nesta noite, Leda.

Ela faz uma cara de desgosto, mas dá de ombros e segue, procurando pelos amigos. É claro que poderia, agora mesmo, escolher uma mesa só pra nós, após cumprimentá-los. Mas opta por ficar com eles e, desse jeito, opta não ficarmos juntos.

Hoje, não quero brigar, entretanto. Pra ser sincero, estou pouco me lixando. Já estou velh'o suficiente pra desconhecê-los, os amigos dela, caso seja necessário. E, neste particular, sou um notório insuportável.

Os riscos foram assumidos por ela, quando armou essa arapuca. Se der errado, ela vai sofrer muito, assim como eles. Mas neste instante, isso não m'interessa nem um pouco. Estou cansado pra me responsabilizar pela inconsequência alheia. Ela faz isso sempre. Aliás, há muitos que fazem isso: criam situações insustentáveis que atendem exclusivamente a seus caprichos. Jogam os outros nessas emboscadas, nesses dilemas, transferindo pr'os envolvidos os ônus de sua imprudência. Os outros que suportem as situações insustentáveis que foram criadas à sua revelia.

Isso me dá uma raiva danada. Estou por bufar; falta um nada. Talvez já esteja bufando. Eu deveria dar meia-volta e ir-m'embora. Abrir o conflito, rasgar o cenário e explicitar a briga. Mas sei que, se o fizer, destruo o casamento de vez. E eu a amo e não quero me separar. Por isso, fico. Mas fico a contragosto.

Entramos. A mesa que os amigos de Leda escolheram está na vitrine. Isso m'incomoda. Isso me irrita. Com tantas mesas no salão, optaram justamente por aquela que nos deixará expostos pr'a rua. Uma mesa redonda, de madeira, pra cinco lugares, ainda que sejamos quatro. Na quinta cadeira, assentaram-se as bolsas das mulheres, como é praxe. As cadeiras são vermelhas – feitas de acrílico transparente – e lustrosas. Chamam a atenção, quase brilham, o que é próprio das vitrines.

Começam os *salamaleques de estilo*: frases que se repetem em todo encontro. Fórmulas quase vazias, sem guardar relação direta com seu conteúdo, ainda que prenhes de sorrisos. Coisas da vida em grupo, como esse *tudo bom?* que não é pergunta, mas um *oi* que se pretende mais interessado. Ainda que a contragosto, recito as fórmulas da cordialidade que me cabem, alardeando um prazer em conhecê-los que, definitivamente, não tenho. E mais coisas do tipo.

Sem perder tempo, Leda abunda-se ao lado da amiga e, pra mim, sobra uma cadeira de costas pr'a rua, piorando – e muito! – a situação. Sou eu quem está na vitrine: duas enormes lâminas de vidro temperado estão às minhas costas, separando-me da calçada. Isso mesmo: deixaram-me exposto e desguarnecido, um alvo fácil. O mau humor cresce. A cena m'irrita, a situação me agride. Sou o manequim barrigudo da vitrine, colocado com os costados pr'o público. Tenho o cangote exposto. Estou com a bunda na janela, literalmente. Argh!

Embora ao meu lado, Leda não se dá conta. A louca engata uma conversa sobre coisas que são comuns a eles. Abandonou-me. Eu deveria ter dado a volta e rumado pra casa. Estou por perder a tramontana. Sei que posso me levantar e partir. Hesito. Que ódio! Sou refém de um enredo bizarro.

Nos restaurantes, nunca gostei me sentar de costas pr'o salão. Não suporto a ideia de não ver o que se passa, embora possa ser visto e até indicado por todos. Não estou de costas pr'o salão, mas minha colocação é ainda pior. Nunca deixei minhas costas abertas à rua. Qualquer um que siga pela calçada ou pelo asfalto poderá me alvejar, facilmente. Sou um alvo fácil. Morro sem saber que morri. Tudo bem, não estão distribuindo tiros com tal fartura, mas isso não m'importa.

Estou me sentindo pelado em público e não sou, definitivamente, um velhinho exibicionista desses que se divertem em desfilar suas coisas despencadas, assumindo o risco da pilhéria alheia. Ódio. Estou na vitrine. Com'é tempo de liquidações, é razoável supor qu'estou em promoção. Bem próprio pr'um velho: logo, logo, virão os lançamentos, no tempo apropriado. Por ora, colocam-se nas vitrines as peças de *botafora*. Sou o destaque de um *queimão*, parte d'um *outlet*. Que porcaria! E eles conversam asneiras, sem notar o drama em que m'enfiaram.

Quer saber duma coisa? Definitivamente, não vou ficar de costas pr'o vidro. Vou arredar minha cadeira assim, empurrando-me na direção de Leda. A cadeira, que arrasto, berra, e esse movimento gritado empurra Leda pra lá. Instintivamente, a amiga puxa pra si a cadeira com as bolsas. Leda avança um pouco mais. Um novo berro de cadeira se ouve: minha cadeira não perde a chance de qualquer milímetro. Sem parar de matraquear, eles assimilam minha fuga e, quiçá sem compreender minha intenção, amoldam-se. O tal Breno arreda sua cadeira, a mulher realinha-se e às bolsas, Leda avança e, finalmente, estou de lado pra a rua e pr'o salão.

A mesa está reformatada. A távola redonda equilibra-se seguindo a equação da meia-lua. A bem da precisão, tomamos a mesma disposição dos quadros da Santa Ceia, cadeiras em dois terços da mesa, ficando o outro terço pr'a perspectiva de quem vê. Uma Santa Ceia de cinco, os casais nas laterais, as bolsas ao centro com as alças presas nas extremidades da cadeira, como se fossem finos braços abertos.

Premiando a mudança, tento fingir algum interesse pela conversa. Todavia, aquel'assunto não m'interessa nem um pouco. Solto um sorriso ou outro, sempre que me olham e balanço a cabeça, como quem acompanha, mas não como quem concorda. Aguento ficar nessa reiteração por algum tempo mas logo volto a vista pr'o vidro e percome do que continuam falando: prefiro guardar meus olhos na rua. Encanta-me o espelho preto e disforme do asfalto molhado, pisado pelos pneus.

Alguém dirá que outra desvantagem da vitrine são os fumantes que, não podendo pitar do lado de dentro, abundam-se na soleira pra fazer fumaça. Isso mesmo: os ocupantes da mesa de cadeiras vermelhas, pr'além da exposição pr'a rua, ainda devem assistir a tabagistas empoleirados aos seus pés, já que o piso da casa, onde está o restaurante, é cerca de um metro superior ao piso do passeio. Eu não reclamo, contudo. Essa fauna m'entretém.

Enquanto vejo um sujeito alto e gordo jorrar fumaça, minha atenção é furtada por um casal que cheg'ao restaurante, andando em modos mecânicos. É um casal, sem dúvida, mas eles parecem não ter muito assunto ou sequer afinidade. Dão a impressão de que chegam pra se alimentar, não mais que isso. Quase não se olham direto e, quando o fazem, há um desconforto visível.

Ela é uma loira triste, de cabelo e vestido curtos, muito curtos. O vestido é quase juvenil, apesar de ser visível que tem mais de cinquenta. Parece que se veste assim num esforço pra chamar atenção. Mas não me parece que, com'as adolescentes, queria chamar atenção de qualquer um. Ela quer qu'ele a veja.

O marido eu sei quem é: um deputado federal pouco conhecido, mas de linhagem antiga. Sua eleição deve ser garantida por currais políticos centenários que ainda fornecem votos em montante suficiente pra mantê-lo no legislativo, parlamentando sem utilidade e, desse jeito, ampliando a crise política do país. Provavelmente, a despesa do restaurante será assumida como *verba de gabinete* ou *verba indenizatória* ou qualquer nome que se dê par'as práticas infames de um legislativo parasitário como o brasileiro. Noutras palavras, pagaremos todos pelos prazeres da sua mesa com os pesados tributos que nos são impostos.

Sentam-se não muito distante e já pedem o cardápio. Mal o vinho é servido, a loira triste diz um par de palavras secas, pega sua taça enorme e abandona a mesa. Passa por nós e ruma pr'o lado de fora, onde toma poleiro aos meus pés. Seus olhos estão perdidos no nada. Acho qu'é por que não têm a percepção dos olhos que desejam. Ela quer qu'ele a veja, não outro.

Esse drama dos dois me atrai e, por isso, meu olhar se detém na mulher que largou seu corpo abaixo de mim. Só o cabelo e o vestido são curtos; o decote é longo e generoso, bonito e atraente. Muito atraente. Perco-me em sua fartura e curvas, mas, sem mais, nem menos, como se fosse guiada por um sexto sentido – quem sabe pela intuição feminina? –, ela gira o olhar rapidamente e, num bote rápido, pesca-me caído em seu colo. Foi tão rápido que, com certeza, percebeu o reflexo de seus peitos em minha retina.

É claro qu'ela sorve, com olhos felinos, o prazer de anotar meu jeito desconfortável: jeito de quem foi pego numa indiscrição. Seus olhos seguram a presa (eu!), sem repreensão, mas sem sorrir. São deliciosamente maliciosos: a mulher feita que sabe o que se passa com o adolescente que a espia por uma fresta ou por sobre o muro: o menino que s'empenha pra ver o que não devia, que se arrisca pela chance de um quase nada: o volume dos seios num decote.

Ser velho não é fácil. Qualquer pirralho teria saído correndo pra se salvar, pronto pra negar o que fez ou pra colocar a culpa noutro qualquer. Velho, não. Velho não corre. Fica ali, parado, queimando em vergonha, incapaz de simplesmente fugir e negar o que fez. Não temos mais aquele instinto de sobrevivência. E, assim, eu fico, olhando pr'ela, apenado de mim mesmo, envergonhado. Ela, por seu turno, continua do mesmo jeito: não fecha a cara, nem sorri. Mas seu olhar é discreta e suficientemente maroto. Ela me pegou. Então, como se nada tivesse ocorrido, vira-se e volta a fumar.

Olho pr'o lado, Leda continua conversando asneiras com o seu amigo. Sinto-me confortável pra, então, voltar a pescar naquele decote. Leda, então, cochicha em meus ouvidos:

– Devo ter um ataque de ciúme?

O que será que Leda viu? Por que me pergunta isso? Quem mais sabe do meu pecado, do meu deslize? E, agora? O qu'eu faço, pr'onde corro?

– Não. Mas, quem sabe você não possa se juntar a mim na compaixão?

– Como assim?

– Não viu como chegaram desengonçados, ela e o marido? Não viu como bastou servirem o vinho pra qu'ela pegasse a taça e se mandasse ali pra fora? Não vê como fuma de um modo sofrido?

– Eu vi o vestido curto, isso sim; e o decote generoso no qual você está mergulhado, agora.

– Ela precisa chamar atenção, apenas isso.

– Isso eu percebo. E está chamando a atenção do meu marido, pelo qu'estou vendo.

– A tristeza não me atrai, querida. Você já está comigo há mais de dez anos e deveria saber isso. E ter ciúmes de um homem de setenta e cinco anos é uma grande bobagem. Ela é bem mais jovem do que eu.

– Eu sou bem mais jovem do que você, meu bem, e sou sua esposa. Aliás, essa lambisgoia deve ter a minha idade...

– Por favor... Preste atenção nela. Aliás, preste atenção nos dois e verá que um drama está sendo vivido a poucos metros d'ocê. O vestido curto e decotado é uma maneira de chamar a atenção dele. Não sei se servirá caso chame a atenção de qualquer um. A pobre luta pra recuperar uma autoestima feminina.

– Então, você está encantado com o drama de um coração machucado? Claro! Eu devo acreditar, não devo?

– Preste atenção e verá que não há motivo pra se preocupar comigo.

Voltei-me pr'o casal de amigos de Leda, eles próprios num convescote familiar. Não estou disposto a enfrentar uma briga por culpa que, embora tenha, posso negar firmemente. Então, vou deixá-la afogar-se em ciúme pra ver se, assim, ela perde a razão.

– Leda me contou que vocês foram à Europa agora em dezembro, n'é? E aí, como foi?

Os dois começam a tagarelar sobre a viagem e, assim, eu posso, mais uma vez, abstrair-me um pouco. Basta voltar a acenar a cabeça de vez em quando e sorrir quando sorrirem.

O restaurante é do tipo *simples chique* ou, como diriam alguns, de um charme *descolado*. Tem *badulaques* de todo tipo que, embora não sendo caros, deixam o lugar com uma aparência gostosa, aconchegante, o que está na moda. Por exemplo, essas paredes descascadas, exibindo os tijolos de barro cozido, maciços, próprios da construção original, comuns às casas de meados do século XX, as poucas que ainda restam em Lourdes.

A maioria dessas casas foi jogada ao chão por engenheiros e empresários orgulhosos de sua iniciativa e atentos aos lucros de trocar casas espaçosas, com quintal, por prédios de apartamentos pequenos. Cobram fortunas por tais *humaninheiros* nos quais s'entulham pessoas que vivem brigando por algum sossego, apesar dos barulhos de cima, de baixo e do lado.

Belo Horizonte, que tinha a fisionomia dessas casas, tomou um jeito de lugar nenhum, um paliteiro de estéticas diversas, a maioria de gosto duvidoso, entre concreto, cerâmica, vidro, mármore ou granito, e *sei lá mais o quê.* Pra cada tempo de *incorporação, demolição, vendas* e *construção,* uma moda, um jeito. Enfim, o bairro – e mesmo a cidade – foi se tornando uma colmeia sem identidade, na qual a sombra dos prédios antecipa a noite ainda no fim da tarde. E o horizonte, se é – ou foi – belo, já não mais se vê. E com isso enriqueceram-se prefeitos, secretários, diretores, assessores, vereadores, entre diversas outras funções públicas.

Logo, logo, estarão demolindo as belíssimas casas da Cidade Jardim, região que – *sabe lá Deus por que milagre!* – ainda não está verticalizada. São casas maravilhosas, verdadeiras mansões, construídas num bairro que foi ocupado quando a cidade já estava se lotando e o melhor era fugir pra fora d'Avenida do Contorno. Hoje, foge-se de Belo Horizonte pra Nova Lima, Ibirité, Brumadinho.

Dou mais um empurrão na conversa de que finjo participar. Mais um chavão:

– É. Paris é sempre Paris, não é mesmo? Encantadora.

– Não tenha dúvida. Nós até pensamos em...

Deixo os três repetindo aquela lorota turística comum sobre Paris e outras cidades europeias. Não só as fotos dessas viagens são as mesmas. Os assuntos, as observações, os comentários são os mesmos. Nada muda a não ser o turista: o resto é igual. São milhões de fotos e opiniões reiteradas, como garrafas de cachaça industrializada. No geral, Paris nada mais é do que uma ração turística temperada pela Torre Eiffel. Nesse aspecto, Las Vegas é mais verdadeira: é sabidamente falsa, artificial. Paris não é diferente, nem Londres, nem Roma: há uma cidade de turistas e, por trás dela, há outra cidade, a verdadeira, que quase ninguém conhece ou quer conhecer.

Leda já não está na conversa. Só aparenta conversar. Já foi fisgada pelo drama do deputado e sua mulher. Comprou assento na primeira fila desse teatro e assiste à triste representação da vida real. São imperdíveis essas historietas de amores destruídos, a tragédia de uma mulher exilada de si mesma. Ele precisa de uma mulher e já não lhe dá atenção. Ela precisa de um homem e ainda o quer. Os dois precisam de paixão.

Em sua mesa, o deputado bebe sozinho, um tanto desconcertado, mas sem descuidar-se do dever de cumprimentar a todos, sem saber quem são eleitores, quem são correligionários, quem são opositores, quem são críticos que acenam por sarcasmo. Sua profissão inclui sorrir e acenar.

07

Do lado de fora, outro casal desce do carro, se dá as mãos e caminha pr'o restaurante. A mulher, uma morena, entre cinquenta e sessenta anos, pele muito branca, cabelos negros e fartos, reconhece a loira que fuma, rasgando-lhe um sorriso. As duas vão se abraçar, mas a loira adverte a amiga pra tomar cuidado, pois o vestido é curto. Então, elas apenas trocam beijos no rosto. O cigarro é atirado longe e os três entram. Eles iriam pr'outra mesa, mas optam por ficar com o deputado. Agora, há prosa entre eles.

– Você tem razão: eles não estão se tolerando.

– Pior do que isso; acho qu'ela não está *se* tolerando, principalmente ao lado dele.

– Como assim?

– Acho qu'ele tem o que fazer. Ela parece estar perdida nessa história toda.

– Isso é muito triste.

– Ela deveria arrumar um caso e viver uma tórrida paixão sexual, isso sim. De preferência com um rapaz mais jovem, de vinte e poucos anos, ou um caso inter-racial.

– Ahn? Você está louco?

O outro casal nos olha e pesquisa, tentando entender o que estávamos cochichando. Está na cara que não conseguimos esconder que nosso assunto é picante e isso deixa qualquer um se mordendo de curiosidade.

– Vamos pedir as entradas?

– É uma boa ideia.

– Estão falando que o chefe Antônio caprichou nas entradas. Vocês sabem? Ele é famoso pelas construções criativas, inusitadas. Um luxo gustativo!

– Sim. Furtam-nos a alma pela boca.

Rimos. De fato, a comida do Antônio tornou-se um dos prazeres da minha velhice. Outros cozinheiros e casas também foram colocados nessa categoria e passei a rezá-los como um devoto que sabe que vai morrer. Custou muito, depois da minha viuvez, pra qu'eu voltasse a ter gosto pelos detalhes da vida. Com o tempo, consegui esconder a dor até mesmo de mim, o suficiente pra tocar os dias. Passei a rezar os pequenos mimos como se fossem velhas preces rituais de agradecimento e celebração. Prazeres simples, como o sabor do vinho, a embriaguez do uísque e da cachaça e do conhaque e, eventualmente, do gim, o sabor da comida, a luxúria da carne grelhada ao ponto pra menos. Prazeres simples como a convivência com Leda.

Fizemos nossas escolhas e pedimos. A garçonete nos aconselhou a pedir os pratos principais junto com as entradas, evitando um longo tempo entre eles. Escolhi um *carpaccio* com torradas, pr'abrir, e uma paleta de cordeiro em molho de café como prato principal. O *carpaccio* sempre me lembra do Sérgio Valias, um grande amigo que foi fundamental pr'a publicação de meus livros, mas que morreu muito jovem, pouco mais de trinta anos, vítima de um câncer no pulmão, ainda que não fumasse. O *carpaccio*, que ele tanto gostava, passou a ser minha homenagem constante.

– Belo Horizonte é um lugar em que se come mal e se paga caro, em geral. Comida comum é vendida a preços absurdos. O preço se justifica, quando muito, pelo ponto em que está o restaurante, por sua decoração ou serviço. Mas odeio entregar meus queridos reais pra pagar uma refeição frustrante. E isso acontece com mais frequência do que gostaria.

– Isso mesmo. Fui nessa nova *trattoria*, de que todos falam, e, de cara, achei muito escura: ambiente amarelado, que não esconde o beijo dos namorados, mas revela a cegueira dos velhos. Na mesa ao nosso lado da nossa, uma mulher simplesmente acendeu a lanterna do celular pra conseguir ler o cardápio.

A conversa engata. Mas não deixo de me condenar pela pequenez de meu comportamento. Quando nos ouvem, a gente se sente acolhido e se envolve. Em suma, eu, como tantos outros, quero apenas atenção. Percebo qu'isso aconteceu, e uma ponta de vergonha me ganha a alma. Nada que me faça calar, contudo.

– E a demora pra servir? Depois que ordenamos os pratos, abriu-se uma nova era na história da humanidade. Uma nova e longa era na história dos seres humanos. Meus cabelos embranqueceram, meus filhos se casaram e me deram netos, que já estavam na adolescência... e os pratos não chegavam. O serviço é veloz como um cágado caminhando sobre um espelho besuntado de óleo.

Outra gargalhada. Parece qu'estamos todos nos entendendo. Os olhos deles, presos em mim, cativam-me. Eles me dão os ouvidos que não lhes dei, apenas fingi. Eu sou, mesmo, um grande babaca. Um babaca velho que ainda precisa de atenção.

– Na mesa à minha esquerda, um casal de namorados já estava dormindo; aliás, pediram a conta antes dos pratos principais, tamanha sonolência. Noutra mesa, um casal mais velho, já sem assunto, cruzou os braços sobre o peito (ambos): ficaram olhando o nada, meditativos. Desesperador!

– Foi o mesmo conosco: demorado demais. Vi mesas nas quais alguns pratos, com abafadores, foram trazidos e depositados na frente d'umas pessoas. E lá ficaram, *por horas*, até que os demais pratos fossem trazidos e, enfim, abafadores retirados, todos pudessem comer.

Um pouco à frente, o deputado e a loira triste, de cabelo e vestido curtos, recebem seus pratos, enquanto o casal, que com eles compartilha a mesa, ainda não. A chegada tardia lhes coloca em desvantagem nas comandas: um par de pratos já estava sendo feito quando outro par foi pedido. Assim, o primeiro par foi servido e o segundo par ainda não estava pronto. Dois comem, dois olham, embora a loira ofereça pedaços e garfadas à amiga que, de pronto, as recusa, inibida, apesar d'engolir um naco ou outro, à custa da fome.

O drama se torna tragicômico. Leda, de seu canto, presta atenção a tudo, embora mantenha o outro olho em nossa mesa, querendo não ser deselegante. Já não sente ciúmes: sofre o que vê. Busca-me o ouvido:

– Que coisa angustiante.

– Deixe pra lá. Esqueça. Você deixou a mera observação par'a empatia: está sofrendo com eles, ainda que não possa tomar decisões e iniciativas pra resolver os problemas deles. Isso só lhe fará infeliz. Esqueça-os.

Ela fingiu concordar. Mas percebo que não consegue apartar-se deles e de sua tragédia. Sofre-a, ainda que sem chance de resolver, sem poder dar pitacos ou fazer qualquer coisa. Na banda de lá, contudo, a loira ensaia um par de olhadelas pra cá. Mas sempre encontra os olhos atentos de Leda, o que a faz desistir. Bizarro, não? Ela provavelmente supõe que Leda a vigie por nossa troca de olhares, quando, na verdade, a pobre é assistida como a personagem principal d'uma novela burlesca.

– O vinho acabou. Posso escolher a segunda garrafa?

– Claro, professor. Como o senhor harmoniza um vinho com pratos assim diversos?

– A harmonização de vinhos é uma técnica que leva em conta as qualidades do vinho e, em contraste, as qualidades do que irá ser comido. Como há características as mais diversas tanto nos vinhos quanto nas comidas, é preciso escolher aquelas que se combinam. Há situações em que a harmonização faz-se por oposição, antagonização; é estratégia perigosa em que se usa um pra mostrar o quanto o outro é bom. E isso se faz pelo contraste. Essa oposição é calculada, podendo ser feita em benefício do vinho ou da comida. Insisto: é um cálculo.

– Pronto, você o provocou e, agora, virá uma daquelas longas aulas.

– Isso é bom, quero aprender.

– Você é muito gentil. Obrigado. Mas, como eu dizia... ond'eu estava, mesmo? Ah! A harmonização também pode levar em conta aspectos externos; por exemplo, ainda que o almoço seja carne vermelha, quem está padecendo d'um dia escaldante pode optar por um espumante geladinho. A harmonização, nesse caso, faz-se com o ambiente e não com a comida, o que também é bom e mesmo útil.

Peço a carta de vinhos e mergulho os olhos, procurando algo que me salve a tarde. Leda e a amiga engatam uma pequena prosa sobre alguma coisa. Enquanto escolho, lanço os olhos furtivos pr'a outra mesa, um par de vezes. Os pratos pedidos pelo outro casal chegaram. Deve ter sido uma loucura na cozinha. Mas conseguiram e, ao menos assim, parte do jantar deles se salvará.

Num dos meus lanços de olhar, contudo, encontro os olhos da loira: ela os fixa em mim por um pouco – longo o suficiente pra que eu perceba que fixou – e, de pronto, abaixa-os, como uma gueixa. Os cílios se fazem perceber como um leque que aponta, uma vez mais, pr'o decote generoso. Os olhos vão pendulares e, após abaixarem-se, tomam o curso inverso e reencontram os meus, fixando-se novamente por um átimo.

Fujo a vista, amedrontado. Temo ser pego por ela, por Leda, pelo ridículo de um velho que se entrega a uma paixãozinha sorrateira.

– Escolheu?

– Não conheço nada da carta. Nem um vinho.

Por sorte, meus olhos são atraídos por algo que pode ser bom, apesar de caro. Escolho, ainda assim, como quem busca criar um evento pra esconder o pecado. Temo ser descoberto. Que coisa mais absurda. Onde foi qu'eu me meti? Que bobagem é essa, meu Deus? Leda, no entanto, está tranquila e parece que nada percebe, o que me salva.

– Conte pra eles suas harmonizações brasileiras.

– Harmonizações brasileiras? O que é isso?

– Há muito tempo, venho identificando vinhos que, creio, harmonizam-se com pratos típicos da culinária brasileira. A feijoada harmonizo com espumantes. Podem ser brancos, melhor se são rosados e, ainda melhor, se são tintos.

– Espumantes tintos?

– Sim. Há muitos, principalmente portugueses. Mas até franceses.

- *Champagnes*?

– Não. Houve *champagne rouge* até o século XIX. Depois, foram simplesmente proibidos. Pra ter a denominação *champagne*, o espumante só pode ser branco ou rosado.

– Nossa. O que mais?

– Gosto de comer frango em molho pardo acompanhado de vinhos *malbec* encorpados, com fruta madura e exposição prolongada à madeira. E pra me lambuzar com um chouriço, com jiló e cebola, gosto de beber um *Brunello de Montalcino*.

– Chouriço? *Chouriço de sangue*?

– Amo. É um embutido que deve ter chegado à culinária mineira a partir do chouriço alentejano que, por seu turno, provém do chouriço mouro. Mas o chouriço mouro é defumado, negro e mais duro.

– Chouriço é o mesmo que morcela, né?

– Ou *morcilla*. O chouriço mineiro é feito com sangue coalhado de porco, muito bem temperado, com o qual se embutem tripas grossas.

O vinho chegou. Delicioso. Um pouco depois, chegaram os pratos.

– Meu Deus, eu me colocaria de joelhos, agora, só pra comer isso. Não o faço porque Leda me beliscaria.

– Lembrei-me do jantar que comemos no Evo, por conta de nosso aniversário de casamento. Ele não pisava lá havia anos.

– Estou velho demais para ser maltratado. Aliás, inaugurei minha velhice há mais de trinta anos...

– Como assim?

– Eu tinha quarenta e dois anos e ainda estava com minha terceira mulher, Eduarda. Ela disse que haveria um aniversário pr'o qual estavam convidadas nossas filhas pequenas. Foi quando eu lhe disse: "estou velho demais pra isso". Inaugurei minha velhice naquele instante: passei a pensar como velho, agir como velho.

– O senhor é mesmo divertido. Perdoe-me perguntar, quantas esposas o senhor teve?

– Leda é a terceira ou quarta.

– Ahn?

– Casei-me, pela primeira vez, com dezenove anos. Meu primeiro filho está com cinquenta e quatro anos e é professor de Direito.

– Seu filho tem cinquenta e quatro anos de idade?

– Cinquenta e quatro anos... vai completar cinquenta e cinco em maio. Eu completo setenta e cinco anos em abril.

– Bom ver os filhos encaminhados, né?

– O segundo foi um namoro longo com uma breve convivência sob o mesmo teto. Com trinta e poucos, casei-me com Eduarda, com quem tive duas filhas e de quem enviuvei. Por fim, Leda, que há de me levar ao crematório.

– Qual é a diferença de idade entre vocês?

– Amor, que pergunta horrorosa! Que falta de educação.

– Não se preocupe, não nos incomodamos com isso. Eu tenho setenta e quatro, a caminho dos setenta e cinco; ela tem quarenta e nove. Sou vinte e seis anos mais velho do que ela: quase um pai. Ela é mais enfermeira do que esposa.

– Não fale assim. Você é um marido maravilhoso, apaixonado e muito carinhoso. Sabe o que ele me deu no aniversário de casamento? Uma gargantilha de ouro que ele desenhou e mandou fazer. É a coisa mais linda do mundo.

– Quando a gente se casa com uma mulher maravilhosa, assume ônus caros. E é preciso muito cuidado na hora d'agente materializar o que sente. Apenas pensei no quanto te amo e desenhei a joia.

Leda molha os olhos. Está por chorar. Então, lasca-me um beijo lambuzado. Eu me recomponho rápido, não sem antes olhar pr'a loira que, temo, poderia se ofender com isso tudo. Ela, contudo, conversa com a amiga, sem nos dar atenção. Sem notar meu pecadilho, Leda segue na conversa.

08

Do outro lado do restaurante, há um jovem casal e, visivelmente, o rapaz não está confortável com o que acontece. Temo que o pobre tenha perdido o controle da situação. Noutras palavras, se você não está a fim de quebrar o porquinho e gastar as economias, deve ser firme nas suas escolhas. Sempre digo: em restaurantes, há uma *regra de ouro* que vale pra vinhos, petiscos, entradas, pratos principais, sobremesas e o que mais for: só se deixe encantar se as finanças forem gordas o suficiente pra não se preocupar com a conta. Se não é assim – o que não é vergonha, muito pelo contrário, é a realidade de milhões de pessoas honestas e trabalhadoras –, é preciso *permitir-se com cautela*, ciência dos que se deliciam sem *ressacas financeiras* que doem mais do que porre de vodca.

Os pratos nos são servidos e estão ótimos. Mas uma senhora está pondo tudo a perder no restaurante. Um grupo novo chegou há pouco e tomou a mesa ao lado. Entre as pessoas, há uma *doidivana* que m'irrita profundamente. Está com uma *patota* vasta, uns oito, em quatro casais. Todos calados, todavia, enquanto ela segue espigaitando como uma ave histérica. A *danada* simplesmente não se dá conta de que há um volume educado que deve ser respeitado em locais públicos. Pior: ela tem um parolar chato, esganiçado e entremeado de gargalhadas de bordel. Um horror.

– Essa senhora está pondo tudo a perder. A noite inteira.

– As mesas parecem estar mais próximas umas das outras. Seria preciso bom-senso, mas está raro, infelizmente.

A mulher ridícula parece um'adolescente tardia. Com um celular na mão, está exibindo uma musiquinha infame, em volume alto. Música canalha, cheia de palavrões e remissões sexuais que, uma vez declamadas, arrancam gargalhadas dela e de ninguém mais.

O deputado levanta e, com ele, a esposa e o outro casal. A refeição está terminada. Não deixo de perceber que, após pagar, pediu uma nota fiscal: as despesas irão pr'o povo. Vou pagar por isso, o que me faz sentir um ódio enorme. Sua mulher, a loira triste e encantadora, de cabelo e vestido curtos, levanta com ele. Desta feita, percebo os saltos: ela usa uma sandália preta de saltos finos e altos, os dedos bem postos logo após a última tira, as unhas pintadas de vermelho. Aliás, as tiras deixam os pés soltos, belos. *Pés beijáveis*, eu diria.

Passaram por nós pra ir embora, o que me constrange, já que, bem ao nosso lado, a mulher passou a mostrar filminhos infames que traz gravados na memória do celular. Mesmo nas outras mesas, as pessoas se entreolham constrangidas. Reparo nas pernas bem torneadas da loira triste e, mais do que isso, no seu jeito sensual – muito sensual, aliás. Estou fora de controle, deitando-lh'um olhar mendicante. Ela, contudo, não me olha.

Antes de vencer a porta, com o marido, ela se volta e caminha na minha direção, o que me deixa assustado. Muito. Olha-me certeira, o que me faz sentir infantil: ela vai me denunciar pr'a mamãe ou, pior, pr'a professora... pr'a diretora, talvez. Vou ficar de castigo, se não apanhar muito. Ela se achega de nossa mesa.

– Desculpem-me. Boa noite.

Todos a olham. Ela olha pra mim.

– Professor, o senhor não me conhece pessoalmente, mas estivemos conversando por *e-mail*. Meu nome é Letícia, da assessoria do Governador. Temos uma reunião, na terça-feira, pra discutirmos a possibilidade de o senhor nos auxiliar n'um projeto de lei.

Resta-me um pouco de calma pra, ao menos, levantar-me e cumprimentá-la. O amigo de Leda, contudo, não está inteirado dessas *mumunhas* do cavalheirismo – ou da etiqueta – permanece sentado, o que me desconcerta. Se fosse um filho meu, seria chutado de pronto. Mas é um desgarrado, um cabra sem educação.

– Dra. Letícia! É um prazer conhecê-la.

Sinto-me mais ridículo do que antes. O qu'eu fiz com minha indiscrição juvenil tardia? Que vergonha. Agora, como sairei dessa?

– O prazer é todo meu, professor. A senhora deve ser a Dra. Leda, não é isso? Também nos falamos por *e-mail*.

Ai, ai, ai, ai, ai... lasquei-me por completo. Elas se conhecem? Elas trocam *e-mails*? Será qu'ela veio aqui apenas pra me dar um pito ou – quem sabe? – denunciar-me à Leda e pedir qu'eu seja exemplarmente castigado? Será isso?

– Sim. Muito prazer. Estes são amigos meus...

Enquanto Leda os apresenta, corro os olhos pela vitrine. Alheio a tudo, o deputado está pendurado em seu celular, enquanto o casal, um pouco adiante, espera por seu carro.

– Não vou incomodá-los mais. Vejo o senhor na terça-feira?

– Na... na terça? Como... como assim?

– Eu lh'enviei uma mensagem marcando uma reunião pra esta terça-feira pra que possamos começar a conversar sobre todo o projeto.

– Claro... claro...

Estou confuso e perdido. Ela, contudo, parece muito segura de si. Crava os olhos em mim: o mesmo olhar da primeira e, ademais, o mesmo olhar que trocamos várias vezes.

– Tenho certeza de qu'iremos nos acertar e isso será muito bom pra todos. Precisamos muito da sua ajuda.

– Bondade. Não sei s'estou à altura, mas prometo m'esforçar.

– Sou uma grande admiradora de seu trabalho e, agora, conhecendo-o pessoalmente, tenho certeza de que é justamente o qu'eu precisava e procurava... o que nós procurávamos, aliás.

O mesmo olhar, mais uma vez. Começo a não entender mais nada. Pior é vê-la dirigir-se a Leda, uma vez mais:

– A senhora virá à reunião?

– Não, não. Atuo em outra área. Aliás, tenho aulas a dar na terça-feira.

– Que pena. Bem, não vou mais incomodá-los. Uma boa noite.

Todos nos cumprimentamos e ela sai. Os carros já estão à disposição. Todos se despedem, cada casal entra em seu carro. Partem. Eu estou perdido em meio a tudo o que ocorreu e, ademais, apavorado. Mas a sobremesa chega e nos salva a todos. Leda, no entanto, me confidencia:

– Simpática, ela. Pena que seu casamento esteja como está.

A sobremesa é servida. A minha é especial pra quem viveu a infância no interior de Minas Gerais ou, como eu, pra quem visitou esse interior quando ainda miúdo. Toda semana, meu pai me levava pr'o Morro da Onça, que fica perto de Crucilândia e Itaguara. Ele nasceu ali. Os sabores me lembram sensações daquele tempo. De repente, lembro-me da Vovó Gela, do Tio Dico, do Tio Zito, da Tia Nair. Sinto-me descalço, correndo pelo chão úmido, subindo nas árvores. Isso foi há tanto tempo. Algo como sessenta anos pra mais. Um tempo já morto, já esquecido e, sem mais, sem menos, volta à vida em cada colherada.

Na mesa ao lado, a doidivana, que se faz bufão entre os casais, está ainda mais fora de controle.

– Vocês me perdoem, preciso ir embora. Não vou suportar essa senhora. Por favor, perdoem-me. Não é todo mundo que assume: eu sou um grande chato e não tolero gente assim.

Ninguém se opõe. Está mesmo insuportável. Pedimos a conta, pagamos e saímos. Mulher desagradável.

A conta. O carro. As ruas. A garagem. O elevador. Estamos em casa.

– Vou tomar um banho antes de dormir. Como você não gosta de se deitar sozinho, que tal conferir suas mensagens no computador?

– Ok. Ah! por falar nisso, acho que vou escrever um *e-mail* pr'a Dra. Letícia, alegar um problema qualquer e abandonar esse projeto maluco.

– Que isso? É um trabalho maravilhoso e ninguém melhor do que você pra fazer esse anteprojeto. Deixe de ser bobo.

– Não estou a fim de dores de cabeça e essa mulher cheira a problema: não gosto de gente triste.

– Pare com isso. Você vai, sim. Não tem mais discussão. Agora, vou tomar o meu banho.

Eu me conheço bem: já há um fio puxado de paixão por essa loira, por seus peitos, seu decote, seu vestido, seu olhar, sua promessa. Já há um enredo em curso, uma novela complicada e com grandes riscos que, no fim das contas, podem se tornar um drama ou uma tragédia. Se eu tivesse juízo, sairia correndo. Mas não vou e não quero. Caminho decidido pra mais cicatrizes.

Lá está a cidade. Olhando daqui, nada mais do que um longo tapete de construções de tamanhos diversos, imóveis. Mas é uma imobilidade enganosa, pois esconde milhares de vidas implicadas nesses prédios, caminhando daqui pra lá, fazendo suas coisas tão importantes, carregando seus pensamentos e sentimentos e emoções e medos e esperanças e saudades e alegrias e enganos e certezas equivocadas.

Em cada pessoa um olhar, um pensamento, um mundo. O universo começa em cada um, sentido e pensado, mais implícito do que externo, mais pensamento e emoção do que físico. O decote daquela mulher e todo o encantamento que mal esconde aquele vestido curto. Os segredos que há por descobrir, o universo que pode se revelar e que desafia mesmo um velho como eu que, certamente, não está à altura das exigências d'uma mulher como ela. A razão sabe disso, mas o desejo não sabe. Por isso o coração disparado desde que saí de lá, o sono maldormido da minha tarde e essa fotografia que, projetada no fundo da retina, me impede de perder meus olhos no paliteiro de prédios lavados.

– Querido! Já saí do banho. E você ainda está aí parado. Vem dormir.

– Já vou. Vou desligar o computador, antes.

Dou uma última espiada em Belo Horizonte. Sempre odiei prédios e, agora, moro num prédio. Antes de desligar, localizo a mensagem: Letícia. Teclo em responder: "Foi um grande prazer tê-la conhecido. Fiquei encantado. Será uma satisfação participar da reunião de terça-feira." Hesito antes de enviar, mas clico. Foi. O que estou fazendo, meu Deus? Estou agindo d'impulso, embora não tenha mais idade pra isso.

– Vem logo!

– Já vou.

Quando vou fechar o programa de mensagem, vejo que já há uma resposta dela: "O prazer foi todo meu, acredite. Estou esperando, ansiosamente, por nosso encontro que, tenho certeza, será muito produtivo. Um bom final de semana. P.S.: Querendo, sinta-se à vontade pra me escrever." Esse final foi um anzol e me senti tentado a dar mais um passo, a testar um pouco mais esse terreno.

– Venha agora ou vou brigar com você!

– Já vou.

Fecho todos os programas, desligo a máquina e vou dormir. Coração disparado, não vai ser fácil pregar os olhos, hoje. E aquela lua enorme está lá, de novo, bem na minha cara. Mas vejo nesse farol encantos que, confesso, não vi ontem.

A chuva não se foi e um edredom cinza enegrecido ainda cobre Belo Horizonte, na manhã de sábado. Vejo, da janela do apartamento, o vento que varre a cidade e tir'as coisas do lugar, incomodando alguns, assustando outros. Vai espanando casas e pessoas até que, enfim, desaba um aguaceiro que lava tudo e arrasta o que pode. Cai impiedosamente por quiçá uns quinze minutos, até que vai parando, mas não termina. Volta a ser a chuva fina da manhã, agulhada. Um sopro frio pega de jeito a espinha e faz arrepiar.

Sempre tive fascinação por varandas. Sempre gostei de vistas, de paisagem. Herdei isso do meu pai, *Sô* Antônio. Ainda miúdo, eu o seguia pelas trilhas do Morro da Onça, próximo a Crucilândia, onde nasceu. A gente ia subindo e subindo, até achar uma vista bonita. O primeiro lugar em que morei, tão logo nascido, er'uma espécie de apartamento que meu pai alugou na Avenida do Contorno, em Santa Efigênia, bem próximo do quartel. Tinha um *vistão*. Em Belo Horizonte, não é Ifigênia, como em São Paulo. Aqui, escreve-se com "e". Tem até igreja: Santa Efigênia dos Militares, bem ao lado do quartel. Fui batizado ali e ali fiz a primeira comunhão, com o Padre Armando, qu'era alemão ou coisa que o valha. Morei em Santa Efigênia até os quatorze.

Mas com'eu dizia, quando nasci, meus pais viviam num edifício estranho, de três andares, um apartamento por andar. Mais parecia uma casa enorme do que um prédio. Não tenho fotos, infelizmente, mas na minha memória era como se fossem três casas diferentes colocadas um'em cima da outra. Mas já foi ao chão e, no lote, fincaram um prédio sem traço que valha alguma coisa, sem graça, sem eira ou beira: uma agência bancária embaixo, fachada de cerâmicas horrorosas. Um troço besta, pra ser sincero.

A metrópole vai acomodando as pessoas, os negócios, as coisas. Mas, pra isso, destrói o que tem cara, jeito próprio, pra subir o que, sem car'alguma, acomoda mais gente e coisas. Um cupinzeiro sem identidade, apinhado de almas espremidas. Nos edifícios e nas vias que vão ficando mais e mais apertadas. Gente se trombando pra tudo quanto é lado, querendo chegar sem conseguir. 'Ind'outro dia, p'ra mod'e pegar Leda no centro, em final de tarde, saí muito antes do que seria razoável, mas, mesmo assim, cheguei muito depois do que deveria.

Quando tivemos que sair do casarão, mudamos pr'uma das casas de frente: casas geminadas de dois andares. Nossa metade parecia grande, mas era reclusa e sem vista. Uma toca com um minúsculo jardim na frente e garagem longa e fina ao lado, barracão de dois cômodos nos fundos: um pra empregada, outro pr'os trecos do meu pai. Mesmo a oficina de prótese dentária, ele qu'era dentista e durante muito tempo, fez as próprias peças: do molde pr'o gesso, do gesso pr'o metal, do metal pr'o buraco da obturação. Levo comigo muito desse trabalho, inclusive a última peça qu'ele colocou. Se cai, mando repor, não aceito outra. Os dentistas rosnam, sempre querendo fazer peça nova, mas acabam elogiando o encaixe.

Varandas são meu abrigo em dias maus. Sento e fico, bebendo um café, um chá preto ou álcool, fumando um charuto ou cigarrilha, lend'um livro, escutando alguma coisa. Ou fico quieto, em silêncio, embrulhado num vazio redundantemente meu. É a estratégia pra não sucumbir ao bafo pesado desses dias ruins. Um ar sufocante que fica no entorno. Se 'tá'ssim, preciso d'um *momento de varanda*. Aliás, em dias doídos, piso com cautela, levand'o dia na esperança da noite. Hoje não é um dia doído, é um dia comum. Mas está carregado de lembranças.

Até os sete, vivemos perto do quartel. Depois, fomos pr'a Rua João Gomes, perto do Paraíso, Saudade e Pompeia. Santa Efigênia, no meu tempo, tinha jeito de cidade do interior, todo mundo dando conta da vida de todo mundo. Tempo de surra de correia, dada por papai, ou de chinelas, por mamãe: Don'Elma, mulher d'um carinho sem fim, vinda da pequena Jeceaba, terra que o aço, agora, ameaça metropolizar. Vê-se por que ainda trompico nuns troços que não assimilo fácil: é cacoete de capiau, traço de origem que s'embrenha no caboclo ao ponto de, vencendo a pele, tomar-lhe o DNA: o gene da brejeirice.

– De novo com os olhos perdidos na janela?

– Coisa de velho: olhar e recordar, não mais que isso.

– Você é um velho enxuto. Não dessas posturas senis de que tanto gosta.

– O mais ridículo pr'um velho é acreditar nesses elogios e se julgar com juventude que não tem. Agora, bonita e quase nua, assim, você se adiantaria a Jesus e ressuscitaria Lázaro.

Ela ri e me beija, carinhosa e cheirosa.

– Você não vai mudar nunca, né? Graças a Deus. Um galanteador compulsivo, o que me deixa sempre feliz e preocupada. Aquela loira triste corre o risco de se alegrar com você.

– Claro. Vou abrir um consultório.

– Bobo! Vou ao salão de beleza, 'tá?

Diz e sai pra aprontar-se.

Nem dá pra dizer que é a idade que me jogou nesse pântano de lembranças. Sempre vivi atolado num lamaçal de recordações, cuidando dos meus mortos, lembrando de fatos e de gente que passou. Desde sempre fui um velho saudoso. Mesmo quando criança, mesmo adolescente. Sempre vivi lembrando, principalmente do que m'envergonhou.

A Rita... eu tinha o quê? Sete, eu acho. Era mesmo Rita? Acho qu'era. Rita, loira e feia, ainda que m'encantasse naquele dia. Desde cedo busquei alguém pra formar casal. Não tinha dez, quando mamãe, horrorizada, encontrou uma gaveta cheia de chocolates mofados, principalmente ovos de páscoa velhos: um'assustadora fedentina verde e aspecto nojento. Descalçou a chinela e partiu pra cima de mim, querendo saber, aos berros, por qu'eu fizera aquilo. Mas se desmanchou quand'ouviu a resposta:

– *Tô* guardando pr'os meus netos, mamãe.

Limpou tudo com um carinho enorme de mãe, explicando que, quando os netos chegassem, eu compraria chocolate pr'eles, que é melhor novo e fresco. Ria-se com a empregada, as duas maravilhadas com o menino miúdo que já queria se casar e ter filhos e ter netos e ter família, diferente dos outros que só querem vadiar por aí.

Mas tem a Rita, né? Rita ou seja lá que nome fosse. Mamãe não pôde ficar comigo e pediu pra Tia Evanir ficar. Tia Evanir não era tia mesmo, mas muito amiga da família, além de professora no *Jardim de Infância Santa Efigênia*, ond'estudei. Mas veja: não era tia por ser professora, mas por amiga achegada. Havia vários tios assim, como o Tio Dirceu, que morava em Brasília, e o Tio Homero, que morava no Barreiro. Aliás, o Tio Homero tinha um irmão ou cunhado que foi esfaqueado pela namorada. Lembro de pescar a conversa na boca miúda dos mais velhos, cochichada pra não assustar os meninos. Mas acho que não morreu das facadas, não. Acho até que se casou com ela, crê? Tenho quase certeza.

Naquele tempo, professora não era tia, era dona. Lembro de várias, como Dona Conceição, Dona Marília e Dona Silvia, a diretora, qu'era muito gorda. Desse jeito, no jardim, era a Dona Evanir que, fora do jardim, era a Tia Evanir. Eu já'stava no Pedro II, mas Tia Evanir ficou comigo, em sala de aula, no jardim. Colocou-me lá no fundo, ao lado da Rita: terceiro período ou pré-primário, que hoje é primeira série do ensino fundamental.

Eu deveria ter ficado quieto mas fui agitado. Então, sentindo-me o tal, acabei exagerando nos incômodos sobre a pobre Rita. Até escrevi algo no caderno dela, nem me recordo o que foi. Mas ela reclamou.

Enfim   95

Depois de quase setenta anos, ainda me lembro do olhar da Tia Evanir, reprovando. Ainda queimo de vergonha.

Impressionante como os anos se acumularam e as vergonhas também. Masco minhas vergonhas como chicletes: os fatos já deviam estar enterrados, todavia eu continuo padecendo de seus incômodos, amuando-me pelo que fiz ou deixei de fazer. Talvez me livre disso com a morte, talvez não. As coisas voltam, sempre, mostrando que não cicatrizaram e ainda ferem. E são tantas. Tantas. Pra todo canto qu'eu vou, algo puxa um caso que já poderia ter sido superado, precedendo-me na poeira dos anos. Mas não. Continua vivo, acusando-me, ridicularizando-me.

Teve certa vez, em Itaúna, uma briga em que me envolvi na porta da casa de Tia Teresinha. Uma bobagem: eu estava brincando de arrastar galhos de árvore que alguém cortara e tinha deixado na beira da rua. Meus primos mais velhos, filhos da Tia Teresinha, vieram e me tomaram o galho. E ainda ficaram fazendo chacota, o que me afogou em raiva e vergonha: humilhação.

A gente ia muito à Itaúna, onde moravam vários irmãos do meu pai. No caminho, em Azurita, havia um frango ensopado, gorduroso como só ele, que comíamos de boca boa, achando delicioso. Perto da casa do Tio Zito, tinha a Grota de Nossa Senhora de Lourdes que, hoje, chamam de Gruta de Nossa Senhora de Itaúna. Não sei por que gruta, se gruta não há. Nenhuma. Tem uma grota, isso sim. Aliás, um grotão: uma dobra de morro, no meio d'um quarteirão, onde Nossa Senhora de Lourdes teria aparecido pr'um sujeito que não acreditava nela. Quem passa na rua e vê a entrada singela, com uma igreja sem grandes atributos, não imagina que, seguindo o calçamento de pedra, uns trinta metros pra dentro, um magnífico capão de mata, de um verde exuberante, abraça uma capela feita de pedra, onde se colocou a imagem da santa.

Ali é um lugar mágico do qual sinto falta. Sempre que passo por Itaúna, dou um jeito de m'esquecer naquela grota, respirando fundo, pausadamente, ganhando luz e paz que, ali, há em abundância. Mas sou ateu, de um jeito bem meu: creio em Deus, mas não tenho religião. Aliás, sou mesmo um *ateu mariano*: ateu com um carinho todo especial por Maria ou, querendo, pela Nossa Senhora. É uma figura religiosa bem particular. A ideia de estabelecer uma *mãe de Deus* é genial. E nessa ideia eu me aninho facilmente. A divindade piedosa, carinhosa, macia: o colo divino de mãe.

Leda ainda não saiu e, no entanto, já não consigo ficar aqui. Estou sufocando. As coisas estão fora do lugar, eu sinto. Bem fora do lugar. Estou de um jeito que nem o carinho morno da xícara de chá me acalenta. Há um ritmo estranho, como nas secas ou nas enchentes: as coisas estão fora do lugar. Ameaçam a paz em mim. Preciso dar atenção a cada detalhe. Sinto que há algo ruim por vir. Não pra mim, em especial. Vem por aí. Preciso de um ninho. Preciso me antecipar a ela e sair.

– Aonde você vai, agora, de manhã?

– Vou... à faculdade. Sei onde deixei minha aliança: foi no escaninho.

– Pegue na segunda. Até lá, eu fico de olho em você pra não abusar da falta d'aliança. Sou boa vigia.

– Não me sinto confortável sem aliança. Ademais, qualquer um pode abrir o escaninho e levar a aliança, o que não quero. Vou rápido e volto rápido.

Ela me dá um beijo amoroso. Abro a porta, ganho o elevador, deságuo na garagem e tomo o carro. Quando a rua s'escancara em meu para-brisa, corro o par de quarteirões, alcanço a outra garagem e entro, sentindo o peito anuviar-se um pouco. Estaciono, tomo as escadas, a chave, a porta, o exílio, a guarida. Um alívio. O fim do sufoco.

O tempo passou. Não sei quanto tempo fiquei ali, aninhado. Acho que exagerei e me deixei ficar demais. Isso pode me trazer problemas.

Já tenho a aliança de Leda no anular. Deixei a outra na entrada, como sempre. Preciso correr. Saio apressado, precisando do carro, da rua, da garagem. Não tenho cheiros, nem sinais comigo. Preciso chegar em casa antes de Leda. Preciso.

– Professor, eu continuo achando tudo muito esquisito: barulhos, mulheres falando. Mas, quando toco a campainha, fica tudo calado e ninguém atende.

– Seu Geraldo, vamos ter uma conversa de homem pra homem. Esse é um apartamento qu'eu comprei pra me divertir. O senhor trabalha de dia e, às vezes, eu venho de noite com uma amiga, entro pela garagem, levo pr'o apartamento. Ninguém vê entrar, ninguém vê sair. Por vezes, elas ficam aí por uma manhã, um dia.

– Mas...

– Por favor, o senhor não vai, mesmo, querer me criar problemas por isso, vai?

– É que...

– Seu Geraldo, o senhor já está me criando problemas. Eu só quer'o direito de ter um lugarzinho pra me divertir sem que a minha mulher saiba disso. E o meu único problema, atualmente, é o senhor. Isso não é bom, é?

– Não. Mas...

– Seu Geraldo, eu tenh'o senhor como amigo e lhe peço pra me deixar em paz. Deixe o meu apartamento em paz, a minha mulher em paz, a minha vida em paz.

– Eu não...

– Do contrário, *seu* Geraldo, eu vou brigar com o senhor. Eu sou bem razoável, bem amigo, até que alguém me crie problemas, não sabe? Eu não quero ter que brigar com o senhor. Por favor.

– É que...

– Por favor. O senhor está me deixando nervoso, com raiva. Isso não vai acabar bem. Pare com isso tudo.

– Sim, senhor.

– Ótimo. Agora, eu preciso ir. Muito obrigado ao senhor e um ótimo dia.

Deixo-o pra trás, dobro a escada, corro os degraus, embrenho-me pela garagem, atinjo o carro e, após o motor rosnar, tomo a rua e meu destino. Duas quadras e me compreendo noutro portão, outra garagem, elevador, apartamento. Tudo silencioso e a minha varanda de vista cinza e úmida.

Não há outro jeito, percebo. É uma grande pena. Tomo o celular.

– Oi, Luiz, tudo bom?

– Professor? Que prazer. Tudo bom?

– Estou precisando conversar algo bem desagradável com você.

– O que foi?

– Olha, eu sempre m'esforço pra ser um condômino que não dá trabalho e mesmo contribui pra que tudo ande bem no prédio. Agora, esse porteiro, o *seu* Geraldo, está send'um problema. Vive querendo saber da minha vida, querendo se meter onde não foi chamado. E isso está m'incomodando muito.

– O pior é que você não é o primeiro a reclamar dessa disposição qu'ele tem pr'assuntos alheios.

– Está muito desagradável. Muito. E não acho qu'esteja entre as virtudes d'um porteiro fuçar a vida dos condôminos.

– Já entendi. Não precisa dizer mais nada. Vou resolver isso, pode deixar. Não gosto de coisas assim. Deixa comigo.

– Muito obrigado, meu amigo. Muitíssimo obrigado. Eu tinha certeza que poderia contar com você. Um grande abraço e um ótimo final de semana, 'tá?

– Fique com Deus, professor.

A felicidade é com'o dinheiro: a gente deve esconder dos outros. O dinheiro que é exibido, alguém furta ou rouba. Basta saber qu'existe pra que a cobiça mova o ataque d'alguém; não raro, de quem, donde, quando e como menos se espera. Também a felicidade alheia não se tolera. É igualzinho. Só que felicidade não dá pra subtrair ou apropriar-se, razão pela qual o impulso é de destruição. Perceber isso é triste, ou seja, há uma essência de tristeza no contexto da felicidade. E isso é tolo por ser paradoxal.

A chuva vai lavar, de novo, a cidade. De minha janela já se vê cair o aguaceiro, lá pras bandas do Caiçara e, mais além, da Pampulha. Doutro lado, no Padre Eustáquio, também já cai um rio cinza que, de tão espesso, desdobra uma cortina que apaga o qu'estaria além. O vento, que já cheira a água faz muito tempo, sopra um pouco mais frio.

Vem daí esse prazer maior que me dá essa xícara de chá preto: a cor, o cheiro, o jeito, o tato e até o som desse fim de tarde. Quer saber d'uma coisa? Já é quase meio-dia de sábado e o dia está leve o suficiente. Vou me servir uma dose dupla de bom uísque – um malte, por que não? – e vou pegar um pequeno charuto pra mod'e fazer um pouco de fumaça. O momento é perfeito. Bah! Ainda não me importo com a saúde. A velhice e a dor me farão importar, ainda que doutro jeito: na lamúria.

Belo Horizonte, cinza, molhada, hesitando entre o calor de todo o dia e a lufada fria que traz a chuva. Mas amanhã vai fazer sol, viu?

Foi a faxineira quem encontrou o corpo: estava sentado na poltrona, olhando pra cidade, pela janela, uma mão próxima da caneca de chá preto com cheiro de café, o jornal espandongado pelo chão. Aliás, foi iss'o que lhe chamou a atenção: o desalinho das folhas. Era um chato com o diário. Se percebesse que alguém o tinha folheado antes dele, saía e comprava outro. Não gostava de jornais lidos, não lia jornais bagunçados e, depois de ler cada caderno, arrumava tudo e até corrigia os vincos das folhas, deixando pra Leda ler. Fazia marcações nas notícias, chamava atenção pr'algumas coisas, colocava setas pequenas ou enormes.

– Deix'eu ajudar o senhor com o jornal, professor... professor?... professor? Ai, meu Deus!

Correu pr'o interfone, chamou o porteiro e, na correria, alguns vizinhos acudiram. O professor morreu.

– E Dona Leda?

– Pobre Leda. Eu vou telefonar pra ela.

Não demorou muito e a casa s'encheu de gente. Gente dos apartamentos de baixo, dos apartamentos de cima, o porteiro, um amigo que morava num prédio próximo e, enfim, alguns amigos que moravam mesmo distante. Ele está morto. Carregaram-no pr'a cama, onde o corpo sem vida foi deixado como se dormisse. Mas estava morto. Chamaram o médico apenas pr'o conforto do atestado de óbito e, então, ficaram esperando pelo drama da viúva.

Foram pegá-la no salão de beleza. Estava linda, unhas feitas – vermelhas bem vivo – e cabelos escovados. Uma viúva sensual, desejável, apetecível, como ele mesmo gostava de dizer. Ela preferiria estar descabelada e completamente acabada, mas, inevitavelmente, entrou na trama e no drama daquele jeito: bonita, arrumada, de unhas feitas em vermelho, cabelos escovados e um jeito mais que sensual.

As amigas foram ampará-la já no salão de beleza. Ela ouviu a notícia pelo telefone, olhou pr'o espelho, perdendo a noção de si. Soltou um urro que assustou a todos e fez com que a notícia se espalhasse como fogo ateado em língua de gasolina pelo chão. Logo, embora não quisesse, seu desfalecimento era um espetáculo pr'as outras, um assunto pra tantas, mesmo distantes e desconhecidas. A história correu: uma mulher qu'estava no salão e ficou sabendo que o marido morreu.

Vazio enorme, cheio de tristeza. Uma angústia sem fim, uma dor aguda e funda. Um desejo de se matar, de pular, de mergulhar, de enclausurar-se num escuro absoluto e esquecer a marcha do tempo que, então, já não tinha razão de ser. Estava sem referência, sem chão, sem lugar, sem gosto no ar. Ela er'apenas a certeza da ausência dele. Vazio enorme, sem momento, sem motivos. Morto. Seu homem estava morto.

O tempo estacionou pra que a notícia doesse ainda mais: ele morreu. A paisagem tomou um jeito de retrato desfocado, sem movimento relevante, sem justificativa, sem objeto: um retrato bobo que não retrata nada, nem tem qualquer importância. Ela no meio, tendo que viver aquele vazio enorme, cheio de tristeza. O carro que seguia ruas sem qualquer desenho ou importância, o abraço e as palavras de conforto que não tinham qualquer conteúdo, a enorme dúvida de como seri'a vida a partir d'então.

Foi assim que a morte veio. Tomou-lhe a boca, amarga. Um gosto horrível qu'estragou todos os vinhos que haviam bebido, todos os jantares com que se deliciaram, os chocolates, os... Mas não os beijos. Mas não a pele. Ela queria desesperadamente se lembrar do gosto da boca dele, da saliva dele, do suor dele, da pele dele, dos pelos dele, dos cabelos dele. Mas, desgraçadamente, não conseguia se lembrar de nada.

O choro escorreu com'uma enxurrada suja de lam'alaranjada. A dor escoava nessa lama, tremida, convulsionada. Os abraços não aqueciam, apenas amparavam. Tudo doía num tempo que não andava, num cenário vazio e sem importância, bobo e doloroso, amargo e covardemente ausente.

Ele morreu.

Não dá pra dizer quanto tempo durou tudo aquilo. Nem dava pra dizer que aquilo tudo tinha passado quando, enfim, a enxurrada passou. Havia lama e lodo em todos os cantos de si. As coisas já andavam, ainda que lentamente, ao redor. O telefone tocava, pessoas falavam. Mas o vazio enorme, cheio de tristeza, ainda estava ali. Sem tempo, gosto amargo, falta de fome ou sede, sem motivo. A vida morreu com ele.

Ele estava deitado na cama do quarto de hóspede, ainda que o tivessem achado sentado na poltrona de que mais gostava, ao lado de uma xícara de chá preto, já frio, um copo de uísque, um charuto frio no cinzeiro. Estava lendo e, provavelmente, recostou-se pr'um cochilo, como fazia vez ou outra. Morreu pouco depois de olhar pr'a cidade. Ele amava estender os olhos pela varanda e correr a paisagem. Morreu assim, contempland'o mundo que tanto s'esforçou pra entender.

Tiraram-no de lá, da sua poltrona favorita, e o colocaram na cama do quarto de hóspede. Devem ter pensado que seria demais colocá-lo na cama de casal. Ficou na cama fina de solteiro do quarto de hóspedes, ele que odiava camas finas de solteiro. Ela se culpou por não ter trocado, antes, aquela cama. Deveria ser uma cama de casal. Seria melhor. Mas ele já estava deitado numa cama de solteiro. Por que não o colocaram na cama dele, na cama dela, no lugar em que deveria estar, quente, vivo?

A empregada o encontrou, chamou os vizinhos e, enfim, chamaram-na. Ainda não tinha deixado o salão de beleza quando duas amigas lhe ampararam. Ele morreu. E o mundo se fez vazio. As pernas bambearam e, numa explosão sem estrondo – quiçá um grito frouxo –, ela se tornou uma enxurrada alaranjada, cheia de tristeza, sem ar, sem lugar, sem razão, sem gosto até a mais plena amargura.

A casa s'encheu de abraços e de amparos e de piedade e de pena. Amigas, amigos, conhecidos, estranhos, e mesmo hipócritas oportunistas. Havia de tudo e não havia nada. Entre todos, muitos *ninguéns* e poucos *alguéns*. A única pessoa que deveria estar ali não estava mais. Havia um corpo frio. Era ele, dormindo, mas frio como jamais. E, por isso, o abraço apertado que lhe deu só deixou uma agulhada nos próprios músculos, como se um resfriado terrível a pegasse de pronto.

Torturou-se o tanto que pode, convivendo com o corpo morto do homem que tinha dado uma cor e um perfume à sua vida. O amor que sentia por ele se tornou o prenúncio dum resto de vida injustificado, uma espera do próprio fim, uma esperança de reencontro. Ela lhe disse algumas palavras na orelha falecida, machucando a todos por ali. Disse pr'o corpo, como se ainda estivesse vivo, como se houvesse um elo, um restolho. Mas percebeu nele a morte dos ouvidos e, fixando o olhar na figura esbranquiçada, passou a conversar com o coração, fazendo promessas silenciosas que, assim, permaneceriam como segredos limitados aos dois.

Enfim, tiraram-na dali. Depois, ela ouviu, eles vieram pegá-lo. Ela quis ficar no quarto. Sabia que já estava tudo acabado. Mas simplesmente não conseguiu. Levantou-se num salto, correu pelo corredor, cruzou a sala e tomou a maca de assalto, abraçando o corpo novamente pra ferir-se no mesmo frio de antes. Tolice. Ele já não vivia. Então, deixou que tirassem o corpo dali. E desabou como as avalanches, desbarrancando, ruindo.

Ela comeu, por qu'era preciso comer. Alguém trouxe um comprimido e um copo-d'água. Engoliu, sem perguntar o qu'era. Alguém lhe deu uma blusa de frio. Tiveram mesmo a coragem de lhe impor um batom. Então, foi preciso cuidar do corpo que se preparava pr'a cremação. S'ela não fizesse nada, alguém faria. J'havia uma amiga, mais voluntariosa, afundando o nariz no armário e querendo escolher um terno. Não. Ela sabia bem qual era o terno: o que ele preferia. O que mais gostava naquele tempo. Respirou fundo, deu às pernas forças que não julgava ter e, enfim, foi cumprir o seu dever de vestir o morto.

– Uma cueca branca, limpa; meias pretas; suspensórios; este terno, que ficava tão bem nele...

– Leda, o Filipe.

O filho mais velho dele, a cara do pai, mais jovem, mais magro, mais alto, olhos mais claros. Mas um retrato do pai. Ele era cinco anos mais velho qu'ela. Entrou com os olhos avermelhados, chorados, caminhou hesitante pelo quarto e a abraçou sem palavras. Nenhum dos dois tinha o que dizer. Apenas se abraçaram e, juntos, choraram. Ficaram assim o quanto foi necessário pra desabar o que devia ser derrubado e, alfim, enxugaram os olhos e se refizeram.

– Onde el'está?

– Levaram o corpo pra funerária.

– Eu quero vê-lo.

– Claro. Eu não sei qual é... alguém cuidou disso, não sei quem.

– E minhas irmãs?

– Já foram avisadas e devem estar vindo pra cá.

– Você precisa d'alguma coisa?

– Por favor, ele sempre disse que queria *ser enterrado por inteiro*. Você poderia vigiar pra que tudo seja colocado do jeito qu'ele queria?

– Pode deixar. Eu até já imagino o que seja: molho de chaves e isqueiro no bolso esquerdo da frente, aquele terço...

– ... o *tasbih* sufi.

– Isso. O *tasbih* e o lenço no bolso direito da frente. A carteira...

– ... com dinheiro, 'tá?

– Eu sei. Dinheiro, cartões e tudo. Eu tiro uma cópia de tudo pra você e danifico pra que ninguém possa furtar nada.

– Aqui está a carteira. Esta fica no bolso traseiro direito. Esta outra, com cheques, fica no bolso traseiro esquerdo. Aqui: o celular, a caneta e esses papéis no bolso da camisa. Não deixe que fique sem nada.

Enfim 109

– Ele er'um louco.

– Um louco... um louco... um louco qu'eu amava tanto e que vai me fazer tanta falta.

O choro compulsivo a abateu, novamente, e, de pronto, ao filho também. Filho dele, enteado dela, ainda que cinco anos mais velho. Abraçaram-se, novamente, amparando-se. Defunto sistemático, cheio d'exigências em vida e, assim, credor de muitas promessas que a esposa lhe fizera e, agora, pretendia honrar. Mais uma convulsão e um banho de lágrimas e a dor e o amargor e a tristeza do vazio sem fim.

O filho saiu determinado a cuidar de tudo. Ela quis se sentar, mas foi abraçada. Não recusou os braços, nem o ombro, e deixou-se desabar num choro já não tão molhado. As lágrimas estavam lhe faltando. Aquilo era algo qu'ela tinha de viver e, assim, preparou-se pra viver. Em breve, choraria seu homem ao lado de seu caixão.

Era o que tinha de ser.

11

A rotina é a esperança desesperada dos que perdem alguém. Os segundos espinhosos se tornam minutos que se tornam horas, avançando em dias. Mas é tudo asfixiante, ardido, ácido, navalhado: os instantes fatiam o coração, as lembranças queimam, o futuro ameaça. Tudo parece ter perdido o sentido, um pouco ou tudo. Um desespero angustiante que não se cura com a ladainha que tantos repetem:

– Vai passar. Vai passar. Vai passar.

Ele morreu na manhã de sábado. A cerimônia de cremação foi na manhã de domingo: um sol rasgado num céu envernizado d'azul intenso, quase sem nuvens. Tinha um'aqui, outr'ali, como desenho de criança. Foi um desses dias com cara de clube, piscina, churrasco, parque, família, risos, brincadeiras. No velório, muita gente deve ter lamentado mais a perda do domingo que a morte do finado.

Estava mort'o professor e, assim, começava o inevitável tempo de seu esquecimento, como o de todos nós, alguns mais rapidamente, outros ainda mantidos pelas especulações da historiografia. Mas não são muitos. A maioria vai sendo simplesmente perdida nos dias que passam, sendo apagada, morrendo de novo, no desgaste da lembrança. O que se viveu, o que se sofreu, as angústias, as dúvidas, os medos, as vergonhas. A vida passada perde a importância e vai se apagando. Os maiores escândalos, como os maiores prazeres, tudo se perde na marcha do tempo.

Sim. Vai passar. Mas enquanto não passa, é preciso aguentar, é preciso respirar uma vez mais, é preciso encontrar com a recordação em cada canto: na mesa, no corredor, no armário, no sofá, nos enfeites da casa, nos cantos, nas paredes; em tudo quanto é lugar. E, como se não bastasse, a tortura da cama vazia, a cama sem o corpo que se ama: a mais fria masmorra de todos os tempos, onde se reitera uma tortura indigna, monstruosa, aviltante: a desgraça de dormir sem ter quem se ama ao lado.

Quiseram qu'ela fosse pra casa de Fulana, de Beltrana, de Ciclana, mas ela recusou todos os convites. Não adiantava fugir, o lugar dela era aquele apartamento e não sairia. Mas não recusou os comprimidos, nem conseguiu se livrar de quem se ofereceu pra ficar por ali, pra qualquer coisa, pelo menos nesse primeiro dia. Aceitou, mas pediu alguma distância, alguma solidão, algum espaço.

O domingo foi horrível e, pra piorar tudo, o dia se arrematou sangrado, o céu lambuzado de tonéis e mais tonéis de cores fortes, entre preto, cinza, amarelo, alaranjado, marrom, dourado e muito, muito vermelho. Ela queria fugir da varanda pra não ser espancada por aquele cenário sufocante, mas não era possível. Ela sentia qu'ele ainda estava ali, ali onde morreu, na mesma cadeira, olhando fixo pr'a cidade e o seu horizonte. Como ela poderia sair dali e deixá-lo sozinho? Como abandoná-lo? Como perder a sensação de qu'estavam juntos novamente?

Chorou. Chorou copiosamente. Desabou como a tempestade do dia anterior, mas não lavava nada. Chorou as lágrimas que já não tinha, sofrend'os olhos já tão doídos e lutando pra manter firmes as pernas bambas. Mas chegou a um ponto em que se vergou e caiu nos braços da poltrona dele, mendigando um abraço impossível. E como nada mais havia, aceitou o carinho tolo d'um móvel. Aninhou-se ali, catando com o nariz o que pudesse acreditar qu'era o cheiro dele. E assim ficou até dormir.

Acordou não muito tempo depois, mas já era noite. Noite com estrelas e uma lua enorme e prateada: um holofote no céu. Lua de namorados, de poetas, de seresteiros. Não uma lua de mortos e viúvas.

Não é isso? Ela era uma viúva. Nunca se pensou assim mas, naquele instante, percebeu qu'era uma viúva. Olhou assustada pr'as unhas que, até então, tinham permanecido vermelhas, incólumes. Foi ao banheiro, pegou a acetona, limpou tudo.

O celular apitou. Provavelmente, mais uma daquelas irritantes mensagens de pêsames. Embora não querendo ler mais aquilo, foi ver o que tinha chegado. Uma mensagem do Filipe:

– Está tudo bem com você? Precisa de alguma coisa?

Estranho pensar que ele, cinco anos mais velho do que ela, podia ser chamado de seu enteado. Uma viúva que tinha um enteado, órfão, mais velho do que ela mesma. Teclou a resposta:

– Vou levando. Está difícil.

Outro apito.

– Eu sei. Aguenta firme, vai. Amanhã, de tarde, eu lhe faço uma visita, posso?

– Claro. Obrigada.

Desligou o aparelho. Chega de telefonemas e apitos. Nada iria aplacar a dor. Sim, o tempo por certo. Mas o tempo deveria passar e isso custaria muito, estava claro. Então, era indispensável arcar com o custo dos minutos e sofrê-los plenamente, até que o tal milagre dos dias se operasse. Não é isso? Mesmo aquele que está sendo barbaramente torturado numa delegacia ou sej'onde for pode dizer a si mesmo que vai passar.

Pensou em usar preto. Não por causa dos outros, mas por causa de si. Preto como se fosse um cobertor da própria dor. Ou – quem sabe? – branco? Talvez no branco estivesse a paz que queria, precisava, urgia. Alguém lhe trouxe um prato de comida qu'ela quis recusar, mas comeu. Veio um comprimido, ao final, e um outro depois, que tomou sem discutir. Deitou-se.

– Por favor, deixe a televisão ligada.

Não queria ver nada. Só não queria o silêncio. Os olhos pesaram. Dormiu.

Acordou com o barulho estridente do interfone. Olhou pr'o relógio: já eram onze. O que deram pr'ela tomar? Que remédio er'aquele? Havia um jeito de ressaca em tudo, ainda que a cabeça não doesse. Er'um jeito de acordar diferente, mais amassado que o normal. E o interfone, escandaloso, chamando novamente, embora se ouvisse alguém – quem? – que corria pra atendê-lo.

Lembrou-se da morte, da falta, do dia, do resto da vida, e a dor voltou ao peito. Doía tanto quanto ontem. Ainda doía. Não disseram qu'iria passar? O ar que lh'enchera os pulmões, quando acordou com o berro rasgado da campainha, já estava pesado e sufocante, outra vez. Mas a manhã estava aberta e azul, embora alguém houvesse fechado as cortinas. Queriam que dormisse por muito tempo, por certo.

– Dona Leda. É da portaria. Tem um senhor aqui... Geraldo. Ele disse que é porteiro de um prédio aqui perto, onde o professor tem um apartamento.

– O quê?

– Ele veio trazer uma faxineira pr'o professor. Então, ele ficou sabendo da morte. Agora, ele quer saber se manda a mulher embora ou se a senhora quer qu'ela faça a faxina.

Ela não estava entendendo nada. Aquela história simplesmente não se encaixava em cois'alguma e, mais do que isso, era absurdamente estranha. Levantou com o coração disparado, vestiu um macacão de ginástica, enquanto percorria os quarteirões da memória querendo achar qualquer coisa que lhe permitisse entender o qu'estava acontecendo ali.

– Mande ele subir, por favor.

Pegou o telefone, assustada com tudo aquilo. Sabia que não teria forças pra encarar o que quer que fosse sozinha. Sabia que não poderia simplesmente largar pra lá. A imagem de Mônica, vizinha amiga, lhe veio à mente. Discou.

– Mônica, você 'tá em casa?

– Leda? O que foi minha querida?

– Preciso de você, amiga. Por favor. Rápido.

– Estou indo.

– Rápido, por favor.

Não houve conforto, contudo: Mônica chegou junto com o tal sujeito. Passou por ele na porta, foi pr'o quarto:

– O que houve?

– Não sei, mas parece qu'é algo sobre um apartamento qu'ele mantinha aqui perto.

Disse e passou pela amiga, em disparada. Mônica a seguiu, sem entender nada.

– Bom dia.

– Bom dia, Dona Leda. Meus sentimentos. Fiquei sabendo do passamento do professor.

– Obrigada.

– Era uma pessoa muito querida, muito gentil, um grande homem e, estou certo, está nas graças de Deus.

– Obrigada. Obrigada.

– A senhora sabe qu'eu tinha...

– *Seu* Geraldo, não é isso?

– É sim, senhora.

– Qu'história é essa de apartamento, por favor?

– Eu sou porteiro do Edifício Ponte Nova, que fica aqui pertinho, dois quarteirões. O professor tem, ou melhor, tinha um apartamento lá.

Ele me pediu pra contratar uma faxineira...

– Ele tinha um apartamento nesse prédio?

– Sim, senhora. Ia lá todo santo dia, quando não ia duas ou três vezes no mesmo dia. Ele me pediu pra trazer essa moça pra fazer faxina que a outra não iria poder continuar no serviço.

– Dois quarteirões daqui, o senhor disse?

– Isso mesmo. Como ele não apareceu, eu toquei campainha, mas quem está do lado de dentro não quis atender. E pra mod'e não fazer a faxineira perder a viagem, eu vim aqui atrás dele, quando fiquei sabendo que tinha morrido.

– *Seu* Geraldo, o senhor me dá um instante, por favor?

Foi ao quarto, à cômoda, ao criado-mudo, ao armário, recolhendo toda chave que encontrasse. Havia várias, do carro, de cadeados, portas diversas. Chaves com jeito de esquecidas – e de há muito esquecidas –, chaves com jeito de perdidas, chaves com jeito de guardadas. Não fez distinção, contudo. Pegou todas e colocou num saco. Havia um trio de chaves, contudo, que lhe chamou atenção: uma chave de portão, uma chave de porta, uma chave de segurança, presas a um chaveiro pesado da Escola Naval, no Rio de Janeiro.

– Mônica, 'cê não me larga, por favor.

– De jeito nenhum, amiga.

Colocou uma calça jeans, uma camiseta, uma blusa, uma bolsa, um sapato. Fez tudo em instantes, sem hesitar, sem combinar, sem perder qualquer tempo. Correu ao banheiro e passou uma escova rápida pelos dentes, outra pelos cabelos. Bebeu um longo copo de água. Saiu.

– *Seu* Geraldo, vamos lá?

– Sim, senhora.

– Vamos no meu carro.

– Não, vamos no meu.

– São dois quarteirões só. As senhoras não querem ir a pé?

– Não, vamos no meu carro, *seu* Geraldo, por favor.

Foram pr'a garagem. Leda ao volante, o porteiro ao lado, indicando o caminho, e Mônica atrás, suspeitando que as coisas não iriam acabar bem.

12

Leda toca a campainha.

– Já disse pra senhora, nunca vi ninguém entrar que não fosse o professor. Mas tem sempre um barulho, uma luz, uma voz do lado de dentro.

Ela toca a campainha mais uma vez e, enquanto isso, vai separando, entre as chaves que trouxe, aquelas que podem abrir a porta. Seu coração já sabe qual é: o pesado chaveiro da Escola Naval. Toca a campainha uma terceira vez.

– *Seu* Geraldo, esta chave aqui é da portaria?

– Parece que sim, Dona Leda.

– Então, muito provavelmente, estas duas abrem essas duas fechaduras da porta.

Hesita um pouco, como quem espera que alguém, do outro lado, finalmente venha atender à campainha. Espera mais por precisar que o coração tome jeito e os músculos da perna enrijeçam pra modo de não cair. Está por desabar ali mesmo, no corredor.

Enfim, toma a porta de assalto, decidida, colocando as chaves e girando, como se fosse um hábito antigo. Abre como se estivesse chegando em sua própria casa, cansada depois de um dia de trabalho intenso, louca pra entrar, jogar as coisas no sofá, tirar os saltos e descansar. Mas não é tão corajosa quando empurra a bandeira de madeira: abre uma pequena fresta e para assustada. Vai empurrando com vagar.

A porta se abre, descortinando um ambiente lúgubre que furtou a respiração dos três. As janelas fechadas por pesadas cortinas impedem a entrada da luz e, dessa maneira, ali mora uma escuridão que hesita em sombras que bruxuleiam ao sabor d'algumas velas grossas de chamas pequenas. À míngua de brisa, vento ou qualquer movimentação de ar, os pequenos pontos de fogo, quase imóveis, balançam-se com raridade, seguindo a história do pavio. Parece que s'está entrando no breu daquelas capelas de cidade do interior, cujas paredes são sacolejadas pela luz de chamas bailarinas de muitas velas e preces.

Leda não se avexa e lasca a mão ao lado da porta. Parece saber que ali se acende a luz. *Plec*! Acende-se um lustre de bronze e cristal com dezenas de lâmpadas e um enorme retrato de mulher ganha forma. Ocupa uma parede inteira, gigante, a imagem berrando sua presença imposta. Ela, a mulher da fotografia, olha bem nos olhos deles todos, senhora daquele ambiente ou, mais do que isso, a senhora do mundo. De pele bem clara e cabelos longos e negros, é simplesmente linda. As maçãs do rosto salientes, um nariz marcante, os lábios vermelhos emoldurando um sorriso vasto como o decote da blusa preta em que o colo se expõe, insinuando a fartura dos seios.

– Sabe quem é?

– Eduarda, a mulher dele... antes de mim.

– A que morreu?

– Bem... parece que não morreu. Parece qu'ele a manteve viva, aqui, não?

Vão entrando, assombrados: Leda, Mônica e o porteiro. A sala é elegante, com um conjunto de estofados brancos, mesa de centro, várias peças em prata, cristal, algumas pinturas e esculturas. Um luxo. Há retratos dela por todos os lados, incluindo telas de computador que vão alternando incontáveis imagens dela, das filhas e da família.

Há flores por todos os lados, muitas, poucas já velhas, a maioria ainda vistosa: vasos com orquídeas, vasos com rosas, vasos com azaleias. Vermelhas, brancas, lilases, rosas de tons diversos.

– A floricultura vem toda...

– Eu já percebi, *seu* Geraldo.

Ele se cala. Percebe que, ao seu lado, a viúva sangra diante de uma traição macabra: seu finado marido a traía com a esposa morta. O silêncio que fazem é tanto que se pode perceber que há uma música tocando baixinho.

– *Seu* Geraldo, esse aparelho de som está ligado, tocando uma música. O senhor pode aumentar pra mim?

– É uma das músicas do professor. Sempre qu'ele vem, a gente ouve, em várias versões. E tem a outra.

Ele aumenta o som e a música enche a sala. Deixa de ser tocada apenas pela caixa do aparelho, mas passa a ser ouvida em caixas colocadas nos quatro cantos do cômodo.

My funny valentine...

Sweet, comic valentine...

You make me smile with my heart

Your looks are laughable, unphotographable

yet your my favorite work of art

Is your figure less than Greek?

Is your mouth a little weak?

When you open it to speak,

are you smart?

But don't change a hair for me

Not if you care for me

Stay little valentine

Stay

Each day is valentine's day.

Mônica, que há muito policia as próprias palavras, temendo falar o que não devia, acaba deixando escapar.

– Que coisa mais absurda. É um lugar vazio, mas tão charmoso, tão...

– ...tão vivo, não é mesmo? Ele trouxe pra cá a coleção de arte qu'eles tinham, os objetos de decoração, os mimos que colecionavam. Montou tudo de um jeito que... montou tudo pra manter tudo vivo.

O coração lenhado levou-lhe lágrimas aos olhos: uma enchente que desaguaria ensopando as ruas da cidade. Mas ela se fincou nas próprias pernas e tirou, do fundo de si, uma obrigação de dignidade que jamais pensou existir: nem a obrigação, nem a força pra manter a cabeça erguida. Naquele instante, ela entendeu como as mulheres da nobreza europeia conseguiam caminhar, altivas e sem escândalos, em direção ao carrasco que lhes cortaria a cabeça. Ela busca a mesma força e desenha em seu corpo, da ponta dos pés à cabeça, uma coluna inquebrável que a manterá ereta. Digna.

– Vê ali... acenda aquela prateleira de vidro, ali, *seu* Geraldo. Pronto. Lindo, né? Alguém já tinha me falado dessa famosa coleção de pinhas. É mesmo um encanto. E deve haver, por aí, se não estou enganada, uma coleção de louça antiga.

– Acho qu'é ess'aqui, na sala de jantar.

– Pode ir acendendo todas as luzes, *seu* Geraldo. Não vou caminhar no escuro, não.

Uma longa mesa de madeira, coberta por um grosso cristal de vidro, sobre a qual estão dispostos dois grandes candelabros feitos com bronze *ormulu*, dourados como ouro, e o corpo de porcelana com cenas europeias. Suas altas velas não estão acesas, como tantas outras. Há vários outros candelabros, lindos, em pontos diversos do apartamento.

Duas grandes cristaleiras, rasgadas por colunas de luzes, exibem aparelhos de café, chá, porcelana, magníficos. Mais uma vez, uma decoração luxuosa e cheia de pequenos detalhes, peças encantadoras juntadas ao longo de uma vida, e muitos porta-retratos com o mesmo sorriso de Eduarda. A tal coleção sobre a qual muitos perguntaram e comentaram. A coleção qu'ele disse ter vendido, dado, perdido.

– Quem está falando?

Avançam pr'o corredor e ingressaram num quarto, onde um grande monitor exibe pequenos filmes em formato digital, com cenas da família. Há um sofá-cama, uma poltrona clássica, mas revestida com um tecido muito vivo, mesas de canto com abajures de cristal e bronze, entre muitas outras peças de decoração. Uma estante com livros, um armário com papéis manuscritos por letra que não era dele, ela sabia, mas dela. Estava ali uma chaleira, ainda com chá velho, uma caneca pela metade, um charuto nem todo fumado.

O monitor, reiterando o passado, entre fotos e filmes, rouba-lhes a atenção por longos instantes. Ficam olhando aquilo, presos às cenas, até tomarem um susto: a imagem de Eduarda ganha a tela, rindo e o som aumenta:

– Ai, Tchu. Você é um bobo mesmo. Eu amo você, sabia?

E abre um sorriso opulento, rico, o olhar ganhando a tela. A imagem fica imóvel por alguns segundos e, então, outra cena familiar toma a tela, o som mais baixo.

– Tem um cheiro forte de mulher.

– Deve ser o perfume dela. Se você procurar por aí, vai encontrar um ou mais vidros. Eu o conheço bem e... bem, eu achava que o conhecia bem.

Não. Ela não conhecia. Ela jamais poderia imaginar que o homem com quem viveu aqueles anos todos e que jurava um amor intenso e demonstrava esse amor em cada ato, pudesse ainda estar casado com uma lembrança tão forte. Ela, Leda, era apenas a outra. Era a amante, a amásia, a concubina, usurpando o leito de outra mulher, essa sim amada, idolatrada.

Isto não é um apartamento. Isto é uma igreja, um templo. Ela não morrera, simplesmente. Ele a canonizou, como se sua morte nada mais fosse do que uma assunção aos céus, levadas por anjos, pra assumir um trono sagrado.

– Tem outro aparelho de som ligado. Onde?

– Acho que no outro quarto. Tem sons por todos os lados. Que coisa louca.

– Desde quando ele não vem aqui?

– Sábado de manhã, Dona Leda. Mas essa musiquinha é famosa no prédio. Quase ninguém a ouve, mas a antiga inquilina do apartamento ao lado insistia que havia barulhos e vozes e reclamava de uma música que tocava o tempo todo, embora a maioria não ouvisse.

A última porta, a porta da suíte de casal, está fechada. Leda respira fundo, bate os saltos pelo corredor e abre a porta. Mas dá um passo pra trás. As paredes são formadas por incontáveis velas de sete dias, um mar delas, dezenas, quiçá centenas, quiçá milhares. Estão uma ao lado da outra, em fileiras superpostas que quase ganham o céu. Estão dispostas numa estrutura de metal cromado, distante cerca de vinte centímetros das paredes que, por seu turno, foram pintadas, a mão, com flores, milhões de flores miúdas, das cores mais variadas, de todos os tipos, de todos os jeitos.

Leda procura o interruptor, mas a luz que se acende não ilumina a sala, apenas faz surgir dois fachos de luz bem dirigidos. Um facho ilumina outra gigantesca foto de Eduarda, no fundo do quarto. O outro, um pouco à frente, joga luz sobr'um vaso de cristal de Murano, enorme, lindo. Cristal translúcido, decorado com bolhas de ar e farta quantidade de pó de ouro. Apresenta-se como uma flor de Lótus, as folhas abertas, o vaso ao meio, uma tampa, encimada por uma pega que parece uma flor ou uma estrela ou qualquer coisa assim.

Seu coração, imediatamente, lhe diz o que está ali: as cinzas de Eduarda. Nunca soube o que fora feito com suas cinzas, onde foram jogadas. Estão ali, por certo, guardadas num ostensório profano que, com a luz certa, brilha no reflexo do cristal e do pó de ouro, quase cegando quem ouse olhá-lo por muito tempo. O zumbido dos exaustores, colocados num canto da sala, não esconde uma música fraca que, uma vez mais, toca sem parar.

– Aumente o som, Mônica.

– Minha querida, pra que isso? Vamos embora.

– Mônica, por favor. Eu estou lhe pedindo: aumente o som.

Mônica caminha pr'o aparelho, disposto num canto mais escuro, mas denunciado pela luz fraca do mostrador. Já tinha identificado o que estava tocando. Mesmo Leda já devia ter identificado. Aumentou o som que, escorrendo pelas caixas dispostas calculadamente nos cantos do cômodo, os afoga numa velha canção:

Preciso não dormir

Até se consumar

O tempo da gente.

Preciso conduzir

Um tempo de te amar,

Te amando devagar e urgentemente.

Pretendo descobrir

No último momento

Um tempo que refaz o que desfez,

Que recolhe todo sentimento

E bota no corpo uma outra vez.

Prometo te querer

Até o amor cair

Doente, doente...

Prefiro, então, partir

A tempo de poder

A gente se desvencilhar da gente.

Depois de te perder,

Te encontro, com certeza,

Talvez num tempo da delicadeza,

Onde não diremos nada;

Nada aconteceu.

Apenas seguirei

Como encantado ao lado teu.

Leda ouve cada acorde, cada verso, olhando pr'os detalhes. No tapete persa que conquista mesmo o canto do quarto com suas volutas, flores, percebe um travesseiro largado próximo ao altar e entende qu'ele chorara ali vezes incontidas, até dormir nos braços da sua cara-metade, da razão da sua existência, os braços da sua deusa, da sua religião: a sua cara-metade, a única mulher, a única esposa que efetivamente tinha tido. Havia um prefácio de uma edição antiga de seus livros em que ele dizia isso: Eduarda é minha religião.

Ao lado da urna, um recado impresso, em letras enormes, pra que não passasse despercebido:

Minhas filhas,

Deus as abençoe e lhes dê boa sorte.

Já são passados três dias de minha morte e, por isso, os três amigos, a quem confiei a função de lhes entregar o envelope com a chave e o endereço deste lugar, já devem ter cumprido sua missão.

Com sete dias da cremação, as cinzas de meu corpo serão entregues a vocês. Por favor, misturem minhas cinzas com as cinzas de Eduarda, sua mãe e minh'alma gêmea, pra que, enfim, eu me complete, novamente. Deixem-nos assim, misturados, por três meses pra, então, lançar nossas cinzas ao vento, do alto da Serra do Curral del Rei, pra que sejamos um só pela eternidade, unidos novamente. Um só, como sempre fomos.

Até um dia, queridas, onde estaremos todos juntos na Paz e Luz.

Deus as abençoe e ao seu irmão.

Papai.

Morde os lábios. Não contém as lágrimas, que vêm como uma enxurrada, mas as chora pra dentro, correndo pela garganta e não pelo rosto.

– Mônica, me faça um grande favor. Ligue pr'as filhas dele e passe essas chaves. *Seu* Geraldo, muito obrigado. As filhas do professor vão cuidar de tudo.

Vira-se e caminha sem perceber mais qualquer detalhe, embora muitos haja. Não se permite confundir as portas, o corredor, os cômodos. Ruma firme pra fora, espancada por tudo. Abre a porta do apartamento, toca-se pelo corredor, as escadas a rua. O sol, um trago farto de ar.

– Adeus, meu grande amor. Seja feliz e viva em paz. Enfim.

Os cinco advogados do diabo

Ao diabo dei cinco advogados, cada qual munido de poderes bastantes e suficientes, além d'instruções expressas, para que fossem impiedosos e esculhambassem o texto e a história qu'eu estava contando e admitia publicar. Não foi só. A todos foi pedido e remarcado o dever de crueldade, à conta do representado que, como se sabe, não perdoa fraquezas ou fragilidades.

Advogar pr'o diabo não é coisa fácil, é bom que se reconheça. Mas também não é o fim do mundo, convenhamos. Não se pode esquecer que διάβολος [*diábolos*], em grego, traduz-se por acusador e, de quebra, por caluniador, o que dá ainda mais conforto para os cinco *causídicos* a quem se entregou esta escritura. Não se esperava que fossem malignos, mas apenas que saíssem à cata de erros, falhas, incongruências e outras coisas que pudessem recomendar o ostracismo dessas páginas.

Sim, a etimologia socorre o diabo: ainda que Satanás seja diabo, nem todo diabo é Satanás. Há muita gente por aí a quem, por função, corresponde a diabice, vale dizer, o dever de falar mal dos outros e acusá-los. Os representantes do Ministério Público, por exemplo, assim como fiscais e procuradores da Fazenda, ou seja, da Receita, do Fisco. Se bem que Satanás, disseram-me, é palavra que nós chega do hebraico (שָׂטָן – satã), significando também acusador. No árabe, tem-se الشيطان (*saitan*), com a mesma significação. Nada bom para promotores, fiscais tributários, procuradores fazendários e por aí vai, razão pela qual é melhor abandonar essa linha de análise.

Em suma, o diabo cumpre uma função social (e, talvez, religiosa) importante: ele é aquele que denuncia os nossos deslizes, nossos erros, nossas falhas. Está mais próximo da inquisição do que da salvação. Mas, se acusa, acusa junto a alguém, ou seja, junto a Deus, a quem cabe julgar. Temer ao diabo é temer a denúncia das próprias falhas, erros e pecados. Se bem que o diabo calunia, mente, engana. Mas o faz perante Deus que, por definição, é sábio e *não cai nessas*. Juízes em geral deveriam entender essa lógica para, assim, compreender sua responsabilidade. Mas nem sempre é o que se vê.

Se alguém mais incauto for procurar guarida no rótulo demônio, não terá melhor sorte. A palavra vem do grego δαίμων (*daimon*). Não tem nada a ver com maldade ou coisa que o valha. Nada. Sócrates, narrado por Platão, vivia incomodado pelo seu *daimon* que, definitivamente, não o empurrava para o mal, ainda que tenha causado sua condenação à morte. Era um espírito, uma entidade que lhe fazia observações sobre as coisas da vida. Não é muito distinto do *guia*, figura conhecida da umbanda, podendo ser bom ou mau. Nada diferente dos gregos, para os quais existiam demônios bons (Εὐδαίμων: *eudaimons*) e demônios maus (κακός δαίμων: *cacosdaimons*).

O problema é que a Igreja não queria que as pessoas conversassem consigo mesmas – ou com suas vozes interiores – sobre as coisas de Deus e da Vida. A Igreja preferia que a doutrina fosse seguida cegamente, o que permitia controle dos fiéis pelos sacerdotes. Então, o demônio – a voz interior – *foi demonizado* (trocadilho terrível, mas difícil de evitar, confesso). Basta lembrar que heresia é, também, palavra que tem raiz no grego: *hairesis* (αἵρεσις) é escolha, opção, a indicar a tomada de um caminho próprio, resultado da relação direta do indivíduo com Deus, recusando a doutrina e a Igreja. O herético não segue o padre, o bispo, o arcebispo ou o papa; segue o seu coração e, para tanto, ouve o seu coração, o seu daimon (δαίμων). Noutras palavras, motivo suficiente para a tortura e a execução, como se viu na Inquisição.

Como se não bastasse, fui cuidadoso em escolher cinco: Luiz Fernando Souza Moura, Daniel Pissetti Machado, Miguel Gontijo, Roberta Densa e Mário César Paschoal. É claro que o número cinco foi escolhido para fazer lembrança do pentagrama que, segundo consta, seria o símbolo do capeta, ou seja, do homem da capa preta, referência etimológica riquíssima pelas possíveis conexões, mas não me embrenho no assunto para não cansar, ainda mais, o leitor.

O pentagrama é a estrela de cinco pontas, envolta por um círculo. Invertem-na e, com as pontas de baixo para cima, tem gente vendo no desenho geométrico a face do bode ou o pé da bruxa. Nada disso me assustou, contudo. A estrela de cinco pontas está pra lá e pra cá, havendo algumas dezenas na bandeira brasileira e mais ainda na bandeira norte-americana. Aliás, o pentragrama era sagrado, antes de ser satanizado: na Igreja primitiva, fazia alusão ao Pentateuco, ou seja, os cinco primeiros livros da Bíblia, além de também ter sido usado como uma representação das cinco chagas de Cristo. E o bode, menos do que o diabo, é Dionísio, deus grego do vinho, da farra, das orgias, das paixões... e por aí vai.

Não se esqueça, ademais, que os templários, ou seja, os cavaleiros da *Ordo Pauperum Commilitonum Christi Templique Salominici* [Ordem dos Pobres Cavaleiros de Cristo e do Templo de Salomão] também usavam o pentagrama, inclusive invertido. Fica claro, creio, que o problema não está no número ou no símbolo, em si, mas no uso que dele foi feito pela Igreja, para caluniar outros (os pagãos, os templários, os hereges) e por aqueles que, embarcando nessa calúnia, aceitaram de bom grado representar a magia negra, o culto satânico. O mal está no ser humano, não nas estrelas, ainda que tenham cinco pontas, estando invertidas, ou não.

Nessa senda e nesse caminho, fica claro que não se pode pensar mal dos advogados escolhidos, nem de sua função, ainda que o leitor lhes possa imputar a responsabilidade pelo que leu e não gostou: só foi publicado porque, em lugar de apontar falhas, deles obtive o *nihil obstat*, ou seja, o *nada obsta* à publicação: nada contra, nada que impeça. Na Igreja Católica essa era a primeira autorização para que um texto religioso fosse tornado público: *Nihil obstat quominus imprimatur* [nada obsta que se seja impresso]. Era o primeiro passo, apenas. Depois, um superior do primeiro censor deveria dar um'outra aprovação: *imprimi potest*, ou seja, pode imprimir.

Como sou um democrata, não criei superiores. Dei a cada um dos advogados do diabo o poder de obstar, ou não, a publicação. À maioria atribuí a superioridade, a decisão. E foi assim que, em meados de abril de 2014, chegou-me o terceiro *nihil obstat*, sendo suficiente para caracterizar o *imprimi potest*. Passei, então, a uma releitura e revisão do texto: a lapidação indispensável para o *imprimatur* [imprima-se]: a determinação final de que a novela poderia ser tornada pública. Por fim, cinco aprovações.

Não aceitei: enviei o texto para o Fernando Alves, de quem esperei reprimendas que, com efeito, vieram, ainda que sob a forma de recomendações que, ao final, acompanhavam-se do mesmo *imprimi potest*. Estava decidido o futuro desta história: ser publicada.

A bem da verdade, já o disse na abertura, este livro tinha de ser publicado: é um desabafo, uma declaração de última vontade, um testamento amoroso, se tanto houver ou puder haver.

Está feito, então.

Gladston Mamede

Abril e maio de 2014.

Formato	17 x 24 cm
Tipografia	Minion Pro 13/18
Papel	Offset 90 g/m² (miolo)
	Supremo 250 g/m² (capa)
Número de páginas	144
Impressão	Alternativa Digital